# 学校で学びたい歴史

新装版

齋藤武夫

青林堂

## 【新装版のための前書き】

小学校から高校まで日本の学校の歴史教育はたいへん奇妙なところがあります。日本の良さや世界的な独自性など国民が知るべき大切なことが学べません。また日本が敵国と戦わざるを得なかった不幸な歴史についても、日本が一方的に悪く敵国が正義であったように教えています。日本を守るために戦った先人への感謝や敬意がまったくありません。日本の兵士は残虐だったと思い込ませる非常識な教科書もあります。

子供たちは自分が所属する国や自分の先祖が否定され、自己肯定感や生きる意欲や自信を持てなくなります。子供の自我形成を歪ませる教育になっているのです。

義務教育が子供いじめのようなことになってしまうのはなぜでしょうか。

実は文科省検定歴史教科書がそういう自虐的な内容になっているからです。全国の教師たちは検定教科書を使いますから全国で自虐的な歴史授業が行われるわけです。

「教育基本法」には教育の目的は「国を愛する態度を養う」ことだと書かれています。「学習指導要領」の歴史教育の目標は「国を愛する心情を育てる」となっています。さらに

「神話・伝承を手掛かりに国の形成（建国神話）に関する考え方などに関心をもつこと」「天皇についての理解と敬愛の念を深めるようにする」とも書かれています。しかし、文科省の検定教科書のうち、『新しい歴史教科書　中学社会』（自由社）を除くすべての教科書は、なぜか法の定めるところに真っ向から反逆して今日に至っているのです。

現在私たちは『日本が好きになる！歴史全授業』（私家版）を通して全国の先生方や保護者の皆さんに新しい歴史授業を提案しています。教科書を補いながら前記のような欠陥を正す健全な歴史授業です。

教育内容だけでなく、国の歴史を「自分事（わがこと）」として学ぶ工夫や、歴史人物の立場に立って国の進路を考え討論する学習活動など教育方法にも工夫をこらしています。授業を追試した全国の先生方からは「日本人としての誇りが育ちました」「指導要領の目標達成です！」や、休み時間になっても真剣な話し合いを続けている子供たちの様子など、生き生きとした報告が相次いでいます。

本書はいま述べた授業とその考え方を最初に報告した本でしたが、出版当時は教育界からはまったく黙殺され議論していただくこともできませんでした。

それがまさか十八年後によみがえるとは夢にも思いませんでした。感謝です。あちこち奔走して復刻につなげてくださった渡邉尚久先生（現千葉県教育委員会勤務）ありがとうございました。素敵な装丁の新装版として復刻出版してくださった青林堂の渡辺レイ子さん、ありがとうございました。

令和三年五月二十五日

著　者

## 【まえがき】

学校で歴史をまなんで、「日本人に生まれなければよかった」と書く子供がいる。日本の過去を反省するためなら、史実をまげてでも日本人が行ったとされる悪事を教えなければならないと考える教師がいる。

こんな歴史教育は間違っているのではないか。こんな歴史を子供たちは、まなびたいはずがない。子供たちにとって、本当に「学校でまなびたい歴史」とは、右の感想とは逆に、「日本人に生まれてよかった」、「日本人であることを誇らしく思えるようになった」と書きたくなるような歴史なのではないか。そう考えて、私は、この数年間、ひとりの小学校教師として、ささやかな模索を続けてきた。

本書は、現段階で私がたどりついた、右の設問への答案である。私の授業を受けた六年生は、次のような感想を残して、学校を巣立っていった。

■今の私たちや今の日本は、昔、日本を立派な国にしようと一生けん命努力した人々のおかげであることがわかった。

■私は歴史の授業を通して日本のことをたくさん知ることができた。これでやっと本当に日本人になれた気がする。

子供たちは、先人の努力を敬い、自国を愛する真心のあふれた文章を書いてくれた。子供たちは、自国の歴史を「わがこと」としてまなんでくれた。家族の一員として先祖から命のバトンを引きつぎ、日本人の一人として先人から国づくりのバトンを受けつぐ。そうした決意のようなものを、子供たちは言葉にして残してくれた。

本書は、小学校における歴史授業の実践報告である。同時に、私が担任し、私が心から誇りに思っている子供たちとの共同作業で生み出した、新たな歴史物語でもある。そうしたものとしてお読みいただければ幸いである。

授業は、さいたま市立島小学校で私が担任した平成十二年度の六年二組と、平成十四年度の六年一組で行った。この二つの学級は、私の学級通信の名前を取ってそれぞれ「まほろば一代目」「まほろば二代目」と呼ばれている。一代目が三十六名、二代目が三十九名。この素敵な子供たちと、彼らを慈しみ育てた保護者と出会えたことは、私にとってこれ以上ないといえるほどの幸運だった。毎週三時間、全六十八時間の歴史授業を、子供たちは真剣にまなび、また、まなぶことを楽しんでくれた。

その中から、八時間分の授業を選び、六章のお話にまとめた。

私たち教師が授業研究の資料に使う記録は、そのままでは読みにくくて、一般読者に提供できるものにはならない。そこで、歴史読み物としても読めるわかりやすさ、読みやすさを追求して文体を私なりに工夫した。そのヒントになったのは、産経新聞の教育欄「解答乱麻」に書かせていただいた授業記録風の文章である。できれば、読者も一学習者になったつもりで、「同級生」の子供たちの意見に耳を傾けながら、祖国の歩みの大きな物語を楽しんでいただけるとうれしい。

次の文章は、まほろば一代目が、すべての歴史授業を終えて書いた「日本の歴史を学んで」という題の作文の一つである。それは、生まれて初めて歴史を学んだ少女が、一筆で描ききった「日本の物語」でもある。少し長いが、全文を引用させていただきたい。

■私は、縄文時代の時から今まで、ずっと歴史はつながっていたんだと思った。そして、今も歴史は進み続けているんだと思った。

弥生時代に初めて卑弥呼というリーダーが現れてから、日本は天皇をリーダーにして発展していったのだと思った。日本が一つにまとまったころ、日本は他の国との交流が始まった気がする。

そして、六世紀から七世紀ごろに、聖徳太子がかつやくした。私は、聖徳太子が国のかたちをはっきりと決めたから、今まで日本が一度（アメリカ）しか支配されずに、ここまでやってこれたのだと思う。このころから日本は中国に追いつこうとしていたことにはおどろいた。それは、明治時代に日本が西洋の国に追いつこうとしていたことにつながっていたと思う。これもやっぱり歴史のつながりなんだと思った。

そして、七世紀についに戦い（白村江の戦い）が起きた。これで初めて、日本として戦ったことがわかった。でも、戦うことばかりではなく、奈良の大仏ができたり、文化も発展していったからすごいと思った。そして、日本の文化も発展していって、かな文字ができて、短歌が発展し、日本の行事が生まれた。私は、かな文字ができたことが特にすごいと思った。そのかな文字がなければ、今日本人みんながこまっていたかもしれない。こんな前にできたかな文字が今でも使われているなんて、本当にすごいと思った。

それから日本は戦国時代になった。私は、日本の中で戦いをしてはぜったいにいけないと思った。またいくつもの国に分かれてしまったら、日本がここまで発展してきた意味がないと思った。でも、そんな中、戦いをおさめられる人物も現れ、日本はまた一つにまとまれた。よかったと思った。

一八五三年、ペリーがとつぜん日本に乗りこんできた。私は、このころから西洋の国々とかかわってきたことが太平洋戦争になった一つの原因だと思った。でも、江戸幕府が終わったことはよかったと思う。このまま幕府を続けていたら、日本はただ西洋の言いなりになっているだけだったかもしれないからだ。

でも、明治時代になってから、日本は変わったと思う。人々は平等や自由をもとめるようになって、今の人々とすごく似ていると思った。しかし、新しい社会が始まったとたんに戦争が起こった。日露戦争には勝ったけど、その後の戦争は日本が負け続ける戦争になっていった。太平洋戦争だ。でも、日本は負けても戦い続けた。私は、ここまでして日本を守った人々はすごいと思う。きっと今の人にはできないと思う。「日本のためなら死んでもいい」そうみんなが思っていたんだと思った。でも、アメリカはそれ以上に強く、原子ばくだんを落としてきた。たくさんの人々が亡くなり、たくさん人が悲しんだ。

私は戦争だけはしたくないと思っている。でも、この時代の人々がもう戦争はしないという気持ちを日本国民に伝えてくれたから、私も戦争をしないという気持ちを持てたのだと思う。

歴史を勉強して、一番大切なことは自分の考えを持つことだと思った。それぞれの時代にすごく意味があって、全て今につながっている。それを忘れてはいけないと思った。

歴史は今も進み続けている。このままずっと日本の歴史が進み続けてほしい。

子供たちは、このように、それぞれ個性的な「歴史」を書いてくれた。ただ授業としては、私の実践はまだまだ未完成である。本書をお読みいただいて、ご教示いただければ幸いである。

平成十五年六月

著　者

目　次

【新装版のための前書き】
【まえがき】
【本書の構成・表記について】

第一章　歴史入門の授業
「歴史の中にはご先祖様が生きている」
——命のバトンと国づくりのバトンを受けつぐために　19
◆授業づくりの話……20
◆授業の実際……22
一　歴史人物を何人知っていますか？／二　系図という資料がある
三　自分の系図を書いてみましょう／四　私のご先祖様は何人いるのだろう？
五　歴史の中には、たくさんのご先祖様が生きていた／六　不思議なことがある／七　命のバトン
◆子供たちが学んだこと……44

第二章　聖徳太子の授業
「仏様か、神様か」――外来文化と伝統を統合した日本　47
◆授業づくりの話……48
◆授業の実際……53
一　仏教伝来という問題／二　日本初の政策討論会／三　仏教論争を解決した天才＝聖徳太子
◆子供たちが学んだこと……88
第三章　続・聖徳太子の授業
「遣隋使の国書」――中華冊封体制から自立した日本　93
◆授業づくりの話……94
◆授業の実際……100
一　遣隋使の国書／二　皇帝の怒り／三　聖徳太子の考え／四　もう一つの国書
◆子供たちが学んだこと……116

第四章　鎖国の授業
「西洋とどうつきあうか」――日本の安全を脅かしたキリスト教問題の解決　119
◆授業づくりの話　120
◆授業の実際①　124
一　西洋とどうつきあうか／二　秀吉の考えたルール／三　秀吉VSフェリペ二世
◆授業の実際②　142
一　西洋とつきあうためのルール／二　ルールを考えた子供たち
三　江戸幕府がつくったルール「鎖国」
◆子供たちが学んだこと　156

第五章　明治の改革の授業
「廃藩置県に賛成か反対か」――武士の自己犠牲で実現した統一国家日本　159
◆授業づくりの話　160
◆授業の実際　164
一　維新の三傑の不安／二　廃藩置県についての意見／三　武士階級の自己犠牲
◆子供たちが学んだこと　184

第六章　昭和の戦争の授業

「東京裁判について考える」――戦争の勝者が敗者を裁いた　189

◆授業づくりの話　190

◆授業の実際　193

一　東京裁判の基礎知識／二　裁判で戦わされた主張／三　東京裁判を「裁判」として検討する

四　東京裁判を評価する意見／五　最後の二つの問い

◆子供たちが学んだこと　224

終　章　教育内容と指導計画の提案

「わが国のあゆみ」の大きな物語　229

感想文集「日本の歴史を学んで」　247

【あとがき】

## 【本書の構成・表記について】

各章は①「授業づくりの話」、②「授業の実際」、③「子供たちが学んだこと」の三つの節に分かれている。

①**「授業づくりの話」**には、その授業がどうやってできたか、その授業までに至る経緯や付随するエピソードなどが書かれている。授業のねらいや意図を示して、本文の理解を助けるための節である。

②**「授業の実際」**が本文に当たる。

文章中の『　』は授業の中で教師が子供たちに話した言葉である。「　」は子供が話した言葉である。

ただし、『　』に入れずに地の文に落とした教師の話もある。『　』の中があまり長くなるのがわずらわしく思え、勢いでそうなったのである。だから、地の文であっても、「……です」のように文末が敬体の部分は、教師が教室で話しているイメージで読んでほしい。しかし、地の文の中で「……だ」のように常体の文末になっている部分は、現在進行中の授業ではなく、その外に出た筆者の解説や注記である。

子供の発言や、子供が書いた文章は実際とほとんど変えていないが、地の文に落とした教師の説明や解説部分などは、単純な授業記録を大幅に加筆修正している。また、子供たちの発言は、順序を入れ替えたりグルーピングして示したところもある。これらはみな、授業記録を読み物にするためにしたことである。

③**「子供たちが学んだこと」**には、それぞれの授業の後に子供たちが書いた感想文の一部を並べておいた。それを読めば、子供たちの中にどんな学習が成立したのかがわかるだけでなく、授業の意図や史実の持つ意味もまた立体的になるはずである。

この三つの節は、私たち教師が繰り返し行っている授業研究（教師修業）の基本的なサイクルでもある。授業をつくり、実践し、結果を評価し、授業を修正する。そのようにして日々の授業を改善し、また新たにつくり直しながら、教師は前に進むのである。

# 第一章

歴史入門の授業

## 「歴史の中にはご先祖様が生きている」

――命のバトンと国づくりのバトンを受けつぐために

## ◆授業づくりの話

十数年も前になるが、ある教育研究会に参加した時のことだ。休憩中の雑談の中で先輩教師の一人からおもしろい話を聞いた。

「先祖の人数を計算していくと、とんでもないことが起きるんですよ。鎌倉時代の推定人口よりも、私一人の先祖の数の方が多くなってしまうんです。私たち日本人は千年もさかのぼればみな親戚だということなんでしょうね」

とくに歴史の授業をテーマにした会ではなかったので話はそれきりになり、すっかり忘れてしまっていた。その話が、数年前、歴史入門の教材づくりで途方に暮れていた私の脳裡に突然よみがえったのである。話の脈絡も、そのときほかにどんな話があったかもまったく思い出せないのだが、前述した話の部分だけを思い出したのだ。

そうだ、歴史とは先祖が歩いてきた道ではないか。そうとらえれば、たんなる物知りをつくるのではない、「国を愛する心情を育てる」歴史教育ができるのではないか。

先祖の話を思い出し、これは教材になると直感した時には、この授業の構成はほとんどできあがっていたようなものだった。それが歴史入門の授業〈歴史の中にはご先祖様が生きている〉である。

この授業を受けた児童は、その後の歴史学習の中で「この時代にも日本列島のどこかに私の先祖が暮らしていたんだな」「この人物の決断は、私の先祖の運命も変えたんだ」というようにとらえられるようになる。歴史上の人物や出来事を、まさに自分自身の遠い来歴として意識するようになるのである。

それは、先人の働きや国の歩みを「わがこと」として学ぶ姿勢に他ならない。歴史が好きになり、たくさんの知識も身につけるが、それらは決して他人事の知識に終わらない。みな今ここに生きている「私」自身のことなのだと、そう思えるようになるのである。子供たちのこの学ぶ姿勢こそが、私の歴史教育の原点である。

歴史の授業をすべて終えた後、子供たちは「日本の歴史を学んで」という感想文を書いた。次に掲げるのはその一部である。

■日本の歴史を学んでいろんなことがわかった。歴史を学ぶ前までは先祖のことなんて考えたこともなかったけど、先祖のことを学んだときとても感動した。勉強をして感動するなんてなんか不思議だった。

■私は日本の歴史を学んで、改めてご先祖の努力に感動した。そして、私たちも愛国心を持ってこれからの時代を生き、ご先祖のつくってきた日本という国をさらに発展させていく必要があると思った。さらに、ご先祖が夢見た平和で豊かな国に住んでいる私たちは、次は世界平和への道へと進んでいく必要もあると思った。

全六十八時間の学習を終えて、半年前の最初の授業を覚えていることもすばらしいが、最初に学んだことがその後の学習の中にも生き続けていたことがわかるのである。

## ◆授業の実際

**一　歴史人物を何人知っていますか？**

『今日から日本の歴史を勉強していきます。みなさんは日本の歴史の有名人で誰か知っていますか？　知っている名前を教えてください』

この授業はいきなりこう問うことから始める。

ほぼ全員の手が挙がるのを確かめてから、座席の一列を一度に立たせ、前から一人ずつ言わせていく。

「徳川家康」「織田信長」「野口英世」「西郷隆盛」「卑弥呼」「明治天皇」「聖徳太子」「豊臣秀吉」……と、次々と答えが返ってくる。こうしておよそ二十人ほどの名前が挙がった。ここから先は数名の物知りの天下になる。なかにはマニアしか知らないような新撰組の隊士の名を挙げ始める者もいる。これは後に新撰組マンガのファンであるとわかったが、ほどほどで切り上げて次に進もう。

『すばらしいね。まだ勉強していない人をよく知っていました』

こう言って、『小学校学習指導要領』が示す四十二人の人物（終章二三一頁参照）が書かれた資料と、カード型の年表を黒板に貼る。

カードは、およそ四百年が一枚になる等尺年表である。色分けした「古墳・奈良」「平安」「鎌倉・室町・戦国・安土桃山」「江戸・明治・大正・昭和・平成」の四枚で、大まかにとらえれば、それぞれがおよそ四百年（同じ長さ）になる仕掛けである。

わが国は、およそ四百年間で古代日本を建設し、その後のおよそ千年で国家と文化の自己形成を成しとげ、最近の二百年で近代国家を形成した。これが最も単純化した日本という国の物語であるが、この話はまた後にしよう。

ここでは主な時代名を書いた年表のどこかに、先ほど子供たちが挙げた人物が位置づけられることを示せればいい。

『国ができておよそ千六百年です。卑弥呼はこの年表よりも少し前の時代、源頼朝は鎌倉時代……というように、歴史上の有名人はそれぞれが日本の歴史の上で大活躍をしました。歴史の授業では、偉大な人物たちがやりとげた仕事や、その仕事をやりとげた時の心や考えを学んでいきます。出てくる主な人物は、みな日本の国づくりに大きな働きをしました。そのつながりの末に今の日本があります。そのおかげで、私たちが今日本人として生きられるのですね。これらの人物の働きを通して、日本の国の歩みを学ぶのが今日から始まった歴史の勉強です。

今日は、歴史を学ぶ心構えをつくる大事な学習です。この授業が終わった時、みなさんが、なるほどそうかと歴史の勉強にやる気を出してくれるとうれしいです』

## 二　系図という資料がある

『まずこれを見てください』

黒板に左頁の資料を貼る。ただし左図の曾祖父の世代の部分は裏に折り返して、しばらく見せないでおく。

『さて、これは歴史の勉強によく出てくる資料ですが、この資料のことをふつう何と言いますか？』

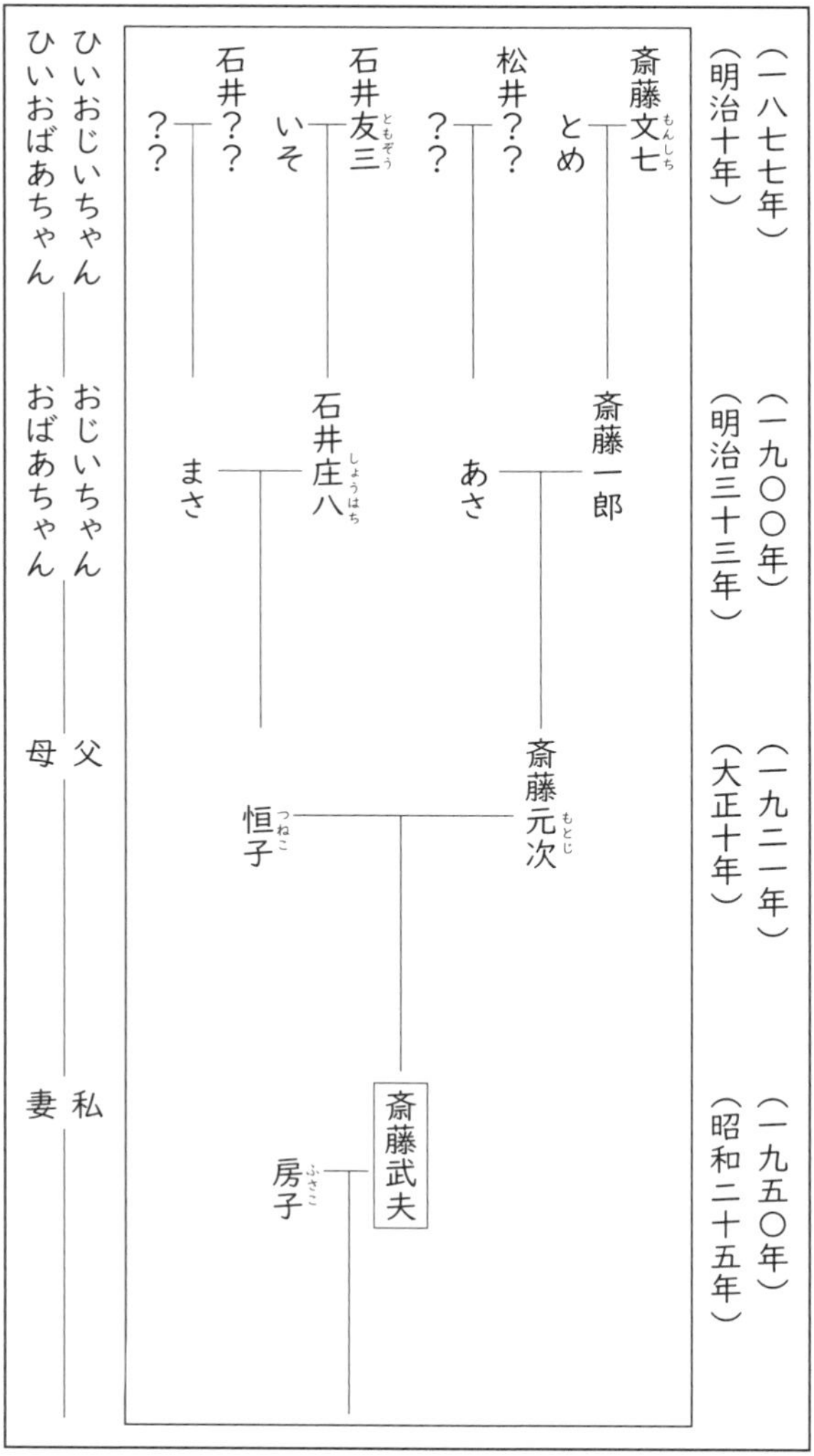


「系図です」

正解であるとほめて、「系図」と黒板に書く。重ねて次のように問う。

『この系図からわかることを教えてください』

系図と知っていた子供は数名に過ぎないが、この問いには多くの手が挙がった。それを何と呼ぶかは知らなくても、図が表している情報は誰にでも理解できるからである。

「齋藤先生の系図です」

「お父さんと、お母さんの名前がわかります」

『そうです、父は元次、母は恒子と言います』

「先生は、元次さんと恒子さん夫婦の子供だということもわかります」

「おじいちゃんやおばあちゃんの名前もわかります」

「親子関係のつながりがわかります」

『はい。そういう親子関係のつながりを表しているのですね。それが系図というものです』

歴史の勉強には、有名な歴史上の人物の系図が出てきます。聖徳太子の系図とか、徳川将軍の系図とか、天皇陛下の系図などです。この齋藤先生の系図は祖父母、父母、私、と三代の血のつながりが表されていますが、いろいろな歴史上有名な人物の系図もこれからの授業の中で見せていきますから、楽しみにしてください。

### 三　**自分の系図を書いてみましょう**

系図とは何かがわかったところで、今度は簡単な作業をさせることにしよう。前掲

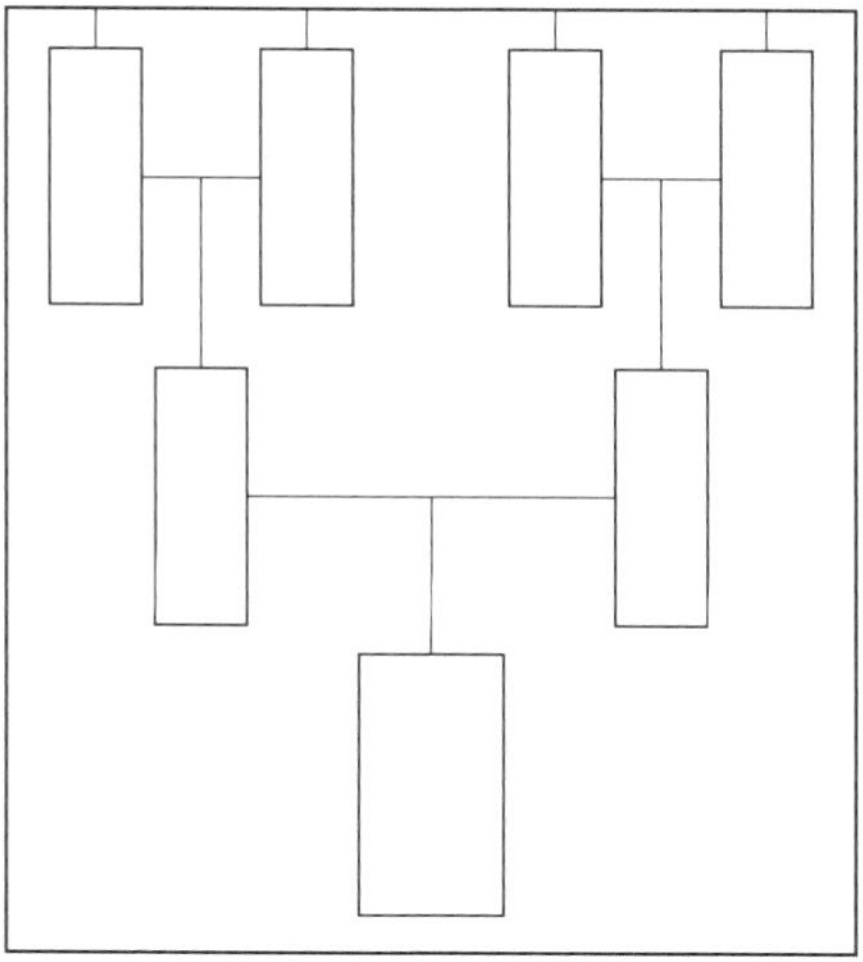

の系図の四角の中が白紙になったプリント（上図）を子供たちに配って次のように言う。

『今度は、みなさんが自分の系図を書く番です。まず、プリントの一番下の四角に、自分の名前を書きなさい』

　系図を知らなかった子も、系図は歴史上の有名人のものだと思っていた子も、齋藤先生に系図があるなら私にもあるとわかったはずである。それぞれが自分の名前を書き終わったところで、いったん鉛筆を置かせてから次の指示を出す。

『みなさんも将来は偉大な人物になるかもしれません。自分の系図を書いてみましょう。まず、お父さんとお母さんの名前を、次におじいちゃんとおばあちゃんの名前を四角の中に書きなさい』

　子供たちはさっと鉛筆を動かし始める。しかし、すぐにざわめきが起きてくる。父母の名前は全員が書けるのだが、ほとんどが四人の祖父母の名前すべては書けないからである。

祖父母と同居している児童は少ない。祖父母の家が遠くて年に何回も会えない家庭が多い。またすでに亡くなられていて接したことのない祖父母もある。いや何よりも、彼らにとって祖父母は「おじいちゃん」「おばあちゃん」なのである。

『自分の系図を書いてみて、どんな感想を持ちましたか?』

「お父さんやお母さんを生んでくれた人なのに、その人の名前を知らないことに気がつきました」

「なんだか、もうしわけないというか、そんな気持ちになりました」

「家に帰ったら、名前を聞いて系図を完成したいです」

『そうですね。ぜひ自分の系図を確かめてみてください。でも、みなさんがおじいちゃんとおばあちゃんの名前を知らないことはそれほど恥ずかしいことではありませんよ。親しみをこめて、ふだんはそう呼んでいるんですからね。でもこれを機会にお名前を書けるようにするのはとてもいいことです。そのプリントはいったん家に持ち帰って、お父さんやお母さんに聞いて完成させることにしましょう。

みなさんの中には、将来日本の歴史に名前が残る人もいるかもしれません。もしそうなったら、未来の子供たちがその系図でみなさんのことを勉強することになるでしょう』

こう話して、黒板に掲示した私の系図の、もう一代前を示す。

八人いる曾祖父母の名前の一部は「?」にしてある。先生も、ひいおじいちゃんや、ひいおばあちゃんの名前は、もう全部はわかりません。それがふつうの家だと思います。もしかしたら、このクラスにはもっともっと前の先祖までわかる人がいるかもしれません。もし、わかるようだったら調べてみてください。

こうして子供たちは系図とは何かを理解した。人物と人物をつなぐ線がある。横線は夫婦関係を、縦線は親子関係という血のつながりを表すこと。また、どんな人にも先祖=子孫のつながりがあり、たとえまだ書かれていないにせよ自分の系図があることを理解した。それは、子供たち一人一人が「私にもたくさん先祖がいるらしい」と初めて気がついたということなのである。

ここまでの作業で、子供たちは祖父母の向こうに曾祖父母が、その向こうにそのまた両親が……というふうに、どこまでも続いているに違いない先祖のつながりに気づき始めている。さらにまた、自分たちが生むことになるだろう子や、孫のこと。つまり、自分たちもまた未来の子孫から見れば、先祖の一人になるのだと気づいた子もいる。

こうして、子供たちは「歴史とは何か」の入り口に立つことができた。いよいよこの授業の核心にたどり着いたのである。

## 四　私のご先祖様は何人いるのだろう？

『さて、みなさんに聞きたいことがあります。その系図で、名前はわからないところもあるけれど、おじいちゃんが二人、おばあちゃんが二人で、合わせて四人いることがわかりましたね』

「はい」

『では、おじいちゃんとおばあちゃんを生んだ両親は、全部で何人いますか？』

「八人です」

『その両親は全部で何人いますか？』

「十六人です」

『その両親は？』

「三十二人です」

『その通りです。系図を一代さかのぼると、みなさんのご先祖様はどのようにふえていきますか？』

「はい、二倍ずつふえていきます」

「かける二をすれば人数がわかります」

『では聞きます。みなさんそれぞれのご先祖様は、全部でいったい何人いるのですか？』

「無限にいると思います」

「数え切れないくらいたくさんのご先祖様がいます」

「ものすごいたくさんの数です」

子供たちは口々にそう答える。しかし、ここでかんじんなことを問わなくてはならない。わかっていることを論理的な言葉にして確かめておくのである。

『みんなが同じことを考えています。先祖は数え切れないくらいたくさんいるだろうと。本当ですか？　どうしてそうだとはっきり言えるのですか？』

しばらく間があって、数人の手が挙がる。

「両親がいなければ、子供は生まれないから、先祖は二倍二倍にどんどんふえていくからです」

「昔のどこかでご先祖様が一人でもいなかったら、私はいなかったかもしれないからです。もっと昔にもご先祖がいると思います」

「日本は、縄文時代とか、そこ（黒板のカード年表のこと）にない大昔まであるから、（先祖は）どんどんふえていくからです」

## 五　歴史の中には、たくさんのご先祖様が生きていた

『そうです。たいへんよく考えましたね。これから勉強していく歴史の中には、どの時代にもみなさんのご先祖様がいます。確かめることはできないし、これが先祖だという証拠もないけれども、もし大昔のその先までもご先祖様がいなければ、私たちは今ここにはいられないはずだからです。ただ、なんとなくたくさんいたとか、数え切れないくらいいたというのでは、私は少し落ち着きません。そこで、実際には何人ぐらいいたのかを計算してみることにしました。その資料を配りますから見てください』

こう言って次の資料を配布し、子供たちとやりとりしながら、それを説明していった。

一世代をおよそ三十年間としよう。親が三十歳で子供が生まれたと考えてみるのである。そして、今から三十年前に子供たちの両親が生まれたとする。

こうして、一人の「私」の先祖の数を計算してみたのがこの資料である。

どんなことがわかるか、詳しく見ていくことにしよう。

子供たちの祖父母四人が生まれたのは、今からおよそ六十年前だ。日本がアメリカなどを相手に戦った戦争が終わる頃だろう。その頃、日本列島のどこかに子供たちの祖父母四人が生まれていると考えよう。

八人の曾祖父母は今からおよそ九十年前、明治時代が終わり大正時代が始まった頃に

生まれている。日本がロシアとの大戦争に勝って世界の大国にまで発展した時代だ。

●歴史学習プリント
**「歴史の中にはご先祖が生きている」**

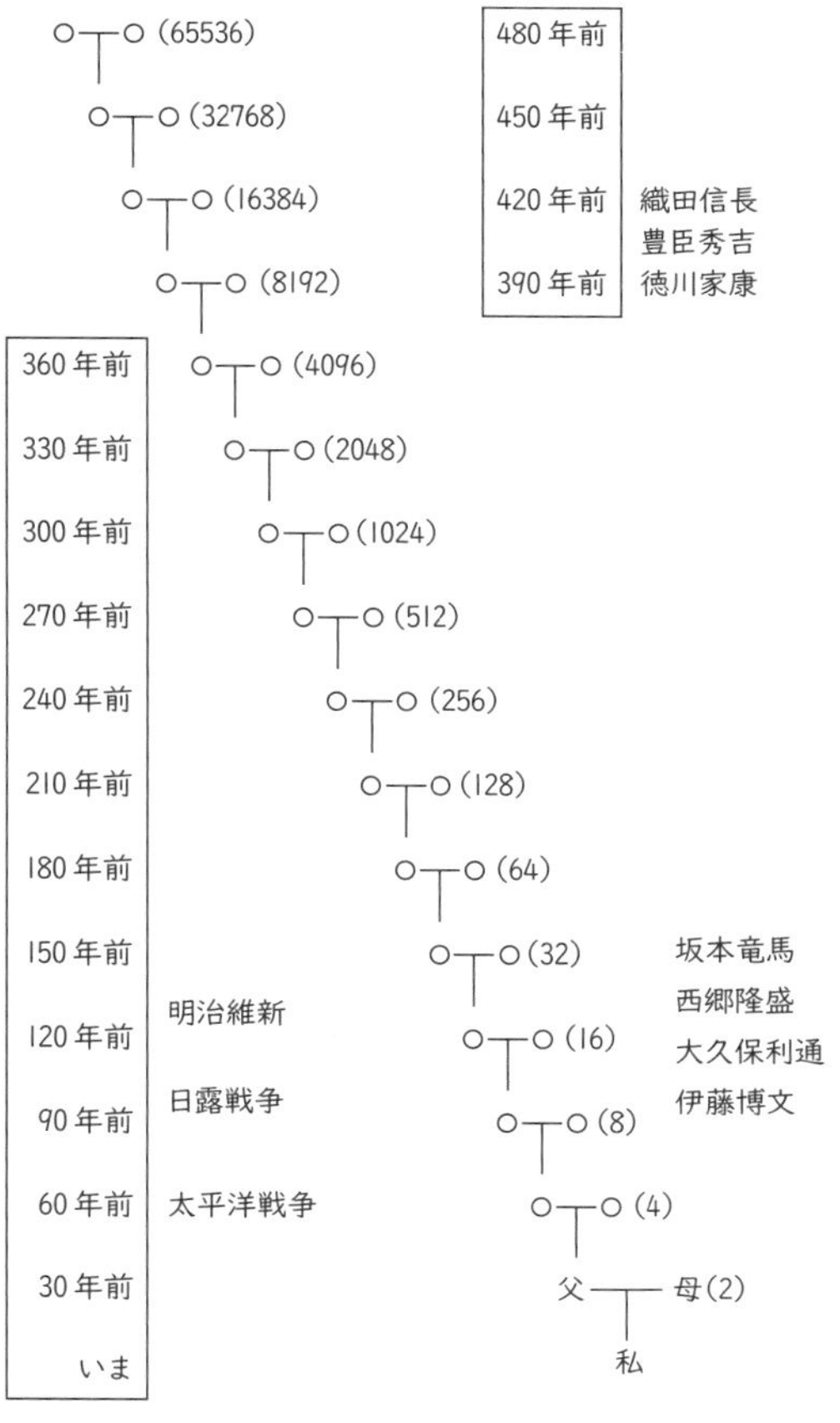


ここで、その頃「東郷平八郎や小村寿太郎が活躍していました」と、二人の肖像写真を見せておこう。八人のご先祖は、この人たちと同じ時代にこの日本のどこかで生きていたのです。

このように、歴史人物の写真や肖像画をフラッシュカードのように見せていくといい。これから教わる偉人たちと一緒に、自分たちの先祖も生きていたのだなという思いを強くするからである。

では、二倍計算をさらに三回繰り返してみよう。百八十年前は六十四人だ。それは日本列島の周辺にロシアやフランスの船が出没して、江戸の長い泰平の世が脅かされ始めた頃のことだ。

今度は、そのさらに二百四十年前を見てみよう。ちょうど織田信長、豊臣秀吉、徳川家康という、子供たちもよく知っている武将たちが活躍していた時代である。六十四人に、二倍を八回繰り返せばいい。すると、今から四百二十年前の西暦一五八〇年頃には、私たち一人一人の先祖が、なんと一万六千三百八十四人も生きていた計算になってしまう。

子供たちはこの計算にたいへん興味を持った。自分たちが先ほど説明した「たくさん」が具体的な数字になって示されていくのである。そしてどんどんふえ続けるご先祖の数に驚き、しだいに興奮していくのがわかる。こうして、自分の先祖の誰かが、確かに歴史上の人物と同じ時代の日本に生きていたはずだということを実感していくのである。

しかし、読者はもうお気づきだろう。そんなバカな数字はないだろうと。その通りである。これらは実際にはあり得ない数字なのである。

## 六　不思議なことがある

『こうして源頼朝が鎌倉に幕府を開いた頃、今から千年も前には、計算の上では、みなさん一人一人のご先祖が、なんと……一億三千四百二十一万七千七百二十八人いたことになってしまいます。しかし、こんなことがあり得るのでしょうか？　次の資料を見てください』

●日本の人口の推移

| | |
|---|---|
| 縄文早期 | 2万人 |
| 縄文中期 | 26万人 |
| 縄文後期 | 16万人 |
| 縄文晩期 | 7万6000人 |
| 弥生初め | 59万4000人 |
| 奈　良 | 600万～700万人（良民：560万人） |
| 10世紀初め | 644万人 |
| 12世紀 | 699万人 |
| 1600年頃 | 1227万人 |
| 1721年 | 3128万人 |
| 1832年 | 3242万人 |
| 1920年 | 5596万3000人 |
| 1950年 | 8320万人 |
| 1980年 | 1億1706万人 |
| 1995年 | 1億2557万人 |

小和田哲男「すぐわかる日本の歴史」（東京美術）

これは歴史人口学による推計データである。この資料を見せることはたいへん重要だ。なぜなら、国の人口は過去にさかのぼるほど少ないという史実を示すことだからだ。

このデータから、日本の人口の移り変わりを読みとっていくのである。

およそ二千年前、日本が水田で米づくりを始めた頃だが、人口はおよそ六十万人に過ぎなかったと推定されていることがわかる。現在のさいたま市の人口よりも少ない。

およそ八百年前、源頼朝の時代は七百万人くらいだったと考えられている。

およそ四百年前、江戸時代が始まった頃は千三百万人ぐらいだった。

およそ百五十年前、明治時代が始まった頃は三千五百万人ぐらいだったらしい。

明治時代以後は政府が人口調査を正確にやるようになったので、かなり実態がわかってくる。明治・大正・昭和・平成のおよそ百数十年が、歴史上空前の人口急増時代だったのである。そして、日本の人口が一億人を超えたのは、わずか三十年くらい前だということもわかってくる。

『これが事実です。歴史の実際はとても少ないご先祖から少しずつ子孫がふえていって、とくに最近の百年間で急激にふえて今の日本があるのです。そうして、今日本には一億二千万人以上の子孫が住んでいます。人口は時代が進むほどふえてきたことが、この資料からわかります。それが歴史の真実です。

だから、ご先祖をさかのぼればさかのぼるほど、その時代の日本人はどんどん少なくなっていくのだと考えなくてはなりません。

では、私たちが今日考えたことは間違いだったのでしょうか？

私はそれももう一つの真実だと思います。なぜなら、両親がいなければ子供は生まれないからです。どの時代にも、みなさんや私の先祖が、この日本で暮らしていたことは間違いありません。

両方真実だとしたら、これをどう説明すればいいのでしょうか。私は、この不思議を大学の先生にたずねてみました。教えていただいたことをみなさんにも教えましょう』

■計算で求めた先祖の数は「子は両親から生まれる」という真実にもとづいています。その数は時代を遡るほど二倍計算で増えていき膨大な数になりました。
しかし、実際の日本の人口はそんな数になったことは一度もありません。

日本の人口が三千万人に達したのは明治時代であり、一億人を超えたのは今からわずか三十年前にすぎないからです。日本列島に生きた日本人の数は過去に遡るほど少なくなるというのが事実です。計算した先祖の数とは逆になります。

■この矛盾は二倍計算の繰り返しが「実際の先祖はたくさん重なっていた」という事実

を無視してしまうことから生じます。

たとえば三人の兄弟はみんなおなじ両親から生まれ先祖もすべて同じになります。またたぶん誰にも大勢の親戚がいますが、親戚とは同じ先祖の集まりのことをいいます。またAさん個人の先祖の場合にも実際は親戚どうしの結婚で命のバトンがつながれたことがたくさんありました。しかも歴史をさかのぼるほどその重なりは増えていきます。

■つまり計算した膨大な先祖の数は「重なりを無視した延べ数」になっているのです。いま江戸時代の日本の人口が約千二百万人（推定）だとしたら、千二百万人の先祖が命のバトンをつないで現在の日本国民の総数一億二千万人に到達したことになります。このように大昔は少なかった日本人がだんだん増えていき、明治以後は爆発的に増えて現在の日本の人口になりました。少数の先祖から現在の多数の子孫が生み出されたのです。

■日本は島国で大規模な異民族の流入もなく、異民族に乗っ取られたり滅ぼされたりしたことも無い国ですから、弥生時代にも自分たちの先祖が日本列島のどこかで生きていたと信じられる世界でも珍しい国です。今から二千年前の弥生時代の推定人口は約六十万人ですから、いまの日本国民のほとんどは過去のどこかで同じ先祖を持っていると考えることができます。

同じ先祖を持つ人の集まりが「親戚」ですから、日本はほとんど「親戚が集まってできている国」だといっていいのかもしれないですね。

『こういうことだそうです。先祖が重なっているので、実際の人数は計算のようにはいかないということです。ご先祖の実際の数は時代をさかのぼるほどかえって少なくなるのですが、みなさんのたくさんのご先祖様の誰かが、必ずどの時代の日本にもいたことだけは間違いがありません。ここが大切なところです。どの時代にも必ずいた二千年間の先祖を全部合わせれば、やはり「数え切れないほどたくさんいた」と言っても間違いではないでしょうね』

## 七　命のバトン

『この授業をつくったのは四年ほど前のことですが、つい最近、私と同じアイディアを詩に書いている人を見つけてとても感動しました。最後にそれを読むことにしましょう』

拡大コピーした次頁の詩を黒板に貼った。

『相田みつをさんという詩人の作品です。読んでみましょう』

自分の番
いのちのバトン

父と母で二人
父と母の両親で四人
そのまた両親で八人
こうしてかぞえてゆくと
十代前で千二十四人
二十代前では——?
なんと百万人を越すんです

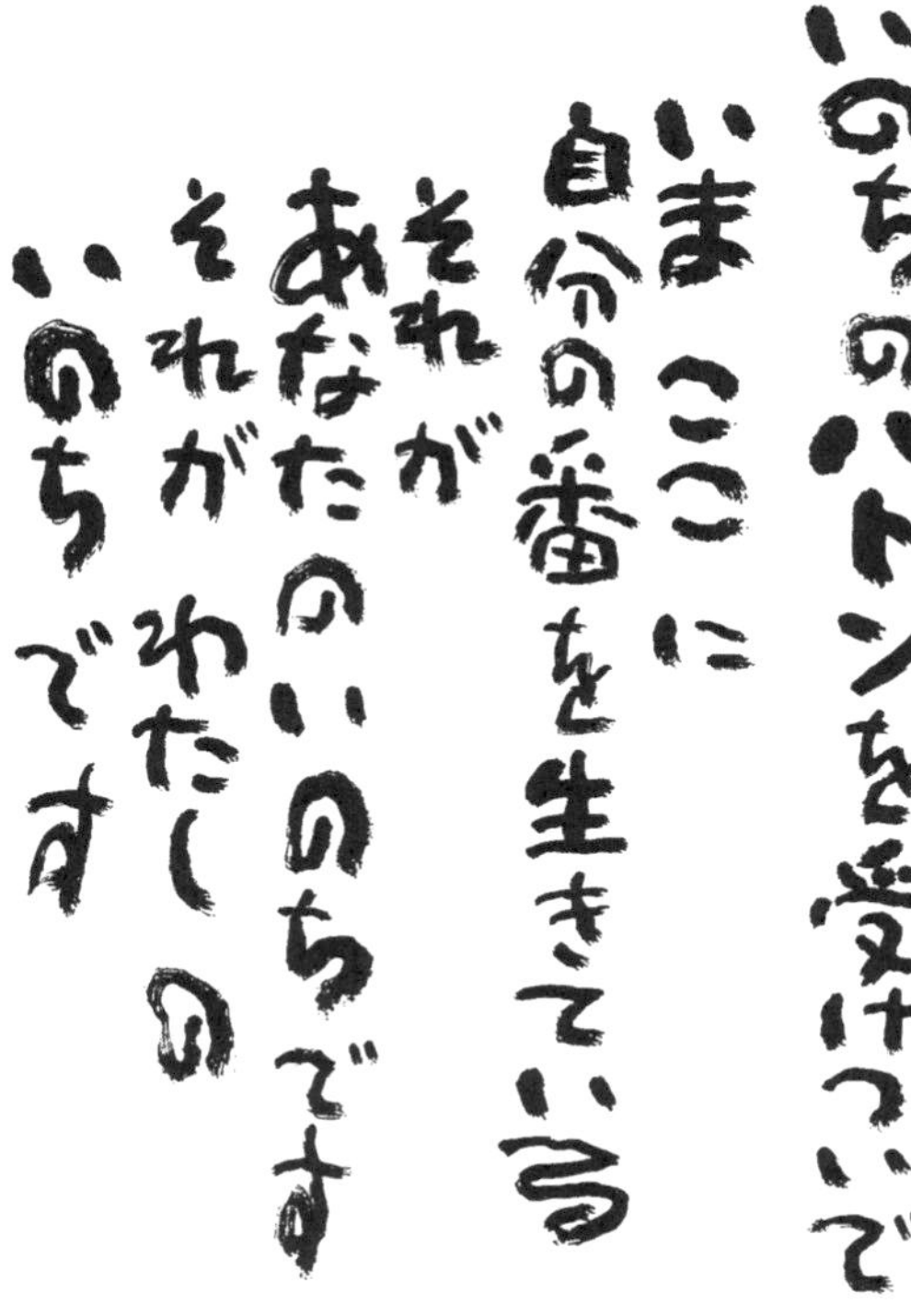
過去無量の
みつを


いのちのバトンを受けついで
いまここに
自分の番を生きている
それが
あなたのいのちです
それがわたしの
いのちです

相田みつを著『本気』（文化出版局刊）より

子供たちは五年生の頃から、いくつもの詩や短歌・俳句、古典の名文などを暗唱してきているので、さっと読む姿勢になっている。そして、声を揃えて、リズミカルにこの詩を朗読した。「過去無量」さえわかれば、詩の解釈は格別の説明もいらない。

この詩は、今日の授業のテーマをたいへんわかりやすく感動的にうたいあげてくれている。そして、日本の歴史の最先端に生きる子供たちに、「自分の番」という重要なメッセージを伝えてくれたのである。

おかげで、授業のしめくくりがたいへん印象深いものになった。

さて、この授業は教師のお話で終わる。バトンは命のつながりだけではないからである。もう一度、冒頭の年表にもどって「国の歩み」と「ご先祖様」をつなげておくことにしよう。

『では、まとめましょう。まず今日心にとめておきたい一番重要なことは、これから勉強するどの時代にも、みなさんのご先祖様が生きていたのだということです。歴史を学ぶということは、何かよそごとの知識ではありません。私たち自身のたくさんのご先祖様が歩んできた、その道を、その歩みを学ぶことなのです。

これから、歴史上の有名人四十二人について学ぶのは、彼らが日本のために大きな仕事をして、日本という国の運命と大きく関わっていたからです。その人物を学べば日本の歩みがわかるからです。

しかし、歴史上有名な人物だけでは日本という国は生まれません。ここまでバトンは受けつがれてきません。この日本の過去を生きてくれた数え切れないくらいの日本人がいて、彼らが歴史上の有名人たちと共に歩んだからこの日本があるのです。

「歴史上の有名人」と「私たちのご先祖様」が一緒になって日本を守り育ててきた。それは「国づくりのバトン」です。国づくりというバトンが受けつがれてきたおかげで今の日本があると言えます。

そのおかげで今私たちがこうして生きられる。

そういう感謝の気持ちで歴史を勉強することが大切です。歴史はまさに「日本人である私たち自身」についてのお話なのです。

明日から始まる日本の歴史の勉強が終わった時、命のバトンだけでなく、日本という国の、歴史のバトンも受けつごうという気持ちになれるといいですね』

## ◆子供たちが学んだこと

学習を終えた子供たちは、次のような感想文を書いた。最後に、子供たちの心にどんなドラマが起こったのかをごらんいただくことにしよう。

■私は今まで先祖のことを考えたことなどありませんでした。先祖のうちだれか一人がいないと、私はいないのでびっくりしました。自分の先祖が信じられないくらいの人数になることにもおどろきました。それから子孫を残すのも大切だなと思いました。これからしっかり歴史を勉強していきたいです。

■ご先祖を系図で表したとき、お父さんのお父さんとお母さん、お母さんのお父さんお母さん……という感じで先祖がふえていくのがすごくうれしかったです。だってこの人たちが一人でも欠けたら、いまの私はいなかったかもしれないから。でも、本当に先祖はすごいと思う。私たちのような大勢の子孫を残して、自分の一生を終えたのだから。だから、私も自分の子孫に感謝されるような先祖になりたいです。

■ぼくはご先祖に感謝しなくてはならないと思った。なぜか。ご先祖がいたから今がある。ご先祖がいたからぼくがいるからです。ぼくは感謝しながらご先祖の時代を覚えて、そして、大人になったら自分の子どもに教えてやる。子どもに正確に教えるために、これから歴史のことをまじめに勉強することにした。

■すごくビックリしました。ぼく一人の先祖だけで、昔の人口よりも多くなったからです。でも、先生が昔に行くほど生きてた時がずれたり、同じ人がだぶったりしたんじゃないかと言ったからなっとくしました。日本はとても歴史のある国だと思いました。

■ぼくの先祖がたくさんいることがわかってとてもびっくりした。もしかしたら、歴史の事件とかにかかわったのかなと思うと、とてもわくわくしてきた。歴史が好きになりそうだ。

■ぼくは日本の歴史がずっととぎれずに残っているなんてすごいなと思った。日本の歴史が残っているということは、ぼくたちの先祖がずっと生きているということなので、とてもすばらしいことだ。これから、ご先祖さまのことを思いながら、がんばって勉強したいと思います。

# 第二章

## 聖徳太子の授業
## 「仏様か、神様か」
### ——外来文化と伝統を統合した日本

## ◆授業づくりの話

この授業は『日本書紀』の欽明紀にもとづいている。

冬十月、聖明王は西部《せいほう》姫《き》氏《し》達率《たつそつ》怒唎斯致契《ぬりしちけい》らを遣わして、釈迦仏《しゃかほとけ》の金銅像一軀《かねのみかたひとはしら》・幡蓋《はたきぬがさ》若干・経論《きょうろん》若干巻をたてまつった。

別に上表し、仏を広く礼拝する功徳を述べて、「この法は諸法の中で最も勝《すぐ》れております。解り難く入り難くて、周公《しゅうこう》・孔子《こうし》もなお知り給うことができないほどでしたが、無《む》量《りょう》無辺《むへん》の福徳果報《いきおいむくい》を生じ、無上の菩提を成し、譬《たと》えば人が随意宝珠《ずいいほうしゅ》（物事が思うままになる宝珠）を抱いて、なんでも思い通りになるようなものです。遠く天竺《てんじく》（インド）から三韓《みつのからくに》に至るまで、教《みのり》に従い尊敬されています。それ故百済王の臣明《やつがれめい》は、つつしんで侍臣の怒唎斯致契《ぬりしちけい》を遣わして朝《みかど》に伝え、国中に流通させ、わが流れは東に伝わらんと仏が述べられたことを、果たそうと思うのです」と言った。

この日天皇はこれを聞き給わって、欣喜雀躍《きんきじゃくやく》され、使者に詔《みことのり》して、「自分は昔からこれまで、まだこのような妙法を聞かなかった。けれども自分一人で決定はしない」と言われた。群臣に一人一人尋ねられ、「西の国から伝わった仏の顔は、瑞麗の美を備え、まだ見たこともないものである。これを祀《まつ》るべきかどうか」と言われた。

蘇我大臣稲目宿禰《そがのおおおみいなめのすくね》が申すのに、「西の国の諸国は皆礼拝しています。豊秋《とよあき》の日本だけがそれに背《そむ》くべきでしょうか」と。

物部大連尾輿《もののべのおおむらじおこし》・中臣連鎌子《なかとみのむらじかまこ》が同じく申すのには、「わが帝の天下に王としておいでになるのは、常に天地社稷《あまつやしろくにつやしろ》の百八十神《ももあまりやそがみ》を、春夏秋冬にお祀りされることが仕事であります。今始めて蕃神《あたしくにのかみ》（仏）を拝むことになると、おそらく国《くに》つ神の怒りをうけることになるでしょう」と。

天皇は言われた。「それでは願人の稲目宿禰に授けて、試しに礼拝させてみよう」と。


（日本書紀［下］現代語訳　宇治谷孟　講談社学術文庫、一部筆者改行）


わが国は、中国の先進文化の強い影響下で国家を形成し始めた。水田稲作を入れ、金属器の技術を入れ、文字を入れた。大和朝廷が統一国家を築いたのには、帰化人の技芸が大いに貢献している。そうして今、外来の新宗教が海を渡ってきたのである。

天皇は仏の像を見て「きらぎらし」と感嘆の声をあげられたという。そして「礼拝すべきか否か」を群臣に諮ったのである。

革新派の蘇我氏は国際社会の趨勢から仏教の導入を主張し、物部氏と中臣氏はその職掌から、外来の神を拝んで伝統の神々を祀らない危険を述べた。

天皇は蘇我氏に仏教の礼拝を許し、ひとまずは個人の自由だというかたちで収めたようだ。やがて崇仏排仏論争は蘇我氏対物部氏の武力抗争に発展し、排仏派の旗頭であった物部氏は滅びた。しかし「仏様か、神様か」という激しい抗争はそれで終わったわけではない。その後も解決の方途の見えないまま争いは続いたのである。

この六世紀を揺るがした大問題を解決した天才が聖徳太子であった。

欽明紀の論争から数十年後、聖徳太子は推古天皇の摂政になる。当時の日本で難解な仏教の教義を最もよく理解していたのが聖徳太子であった。太子は四天王寺等を次々と建立し、大和朝廷の仏教導入という大事業を推進した。こうして、外来の新宗教であった仏教は、大和の国に根をおろしていったのである。

しかし、同じ日本書紀の推古朝には次のように書かれている。

(推古十五年春、二月)九日詔して、「古来、わが皇祖の天皇たちが、世を治めたもうのに、つつしんで厚く神祇《かみ》を敬まわれ、山川の神々を祀り、神々の心を天地に通わせられた。これにより陰陽相和し、神々のみわざも順調に行われた。今わが世においても、神祇の祭祀を怠ることがあってはならぬ。群臣は心を尽くして、よく神祇を拝するように」と言われた。
十五日、皇太子と大臣は、百寮を率いて神祇を祀り拝された。
（同前）

これを敬神の詔という。推古十五年は西暦六〇七年のことだ。

推古天皇は、先祖の信仰を継承して伝統の神々を祀り続けることを誓ったのである。この詔の起草者が聖徳太子であることは言うまでもない。それを受けて、太子と蘇我馬子という仏教推進派の二大巨頭が、わざわざ朝廷の全役人を集めて、日本の神々を祀る行事を盛大に行ったのである。

朝廷は新たに外来の仏様を祀るが、それは日本の神々への信仰を捨てることではない。ともに大切にしていくのだという大方針を内外に明らかにしたのである。

こうして、およそ半世紀の抗争は決着した。わが国は仏教も神ながらの道も共に尊重して、国づくりを進めることになったのである。

異質な宗教の衝突は、洋の東西を問わず「あれかこれか」問題になる他はない。仏様を信じるのなら、国つ神には去ってもらう他ないというのが世界の常識である。前述した蘇我氏や物部氏の物言いを見ても、彼らがそれを二者択一問題としてとらえていることがわかる。キリスト教はオリンポスの神々やゲルマンの神々を滅ぼした。イスラム教が広まる時も同様であった。それら新時代の理念宗教に席巻された地域では、土着の自然宗教はことごとく滅びていったのである。

もしそうなっていたら、わが国の国柄は大きく変わっていたと思われる。大和朝廷は、神々を祖先に持つことに王権の正統性を見いだしていた。もし、その神々を追放すれば、天皇家は大和の国に君臨する正統性を失っていたはずである。そうなれば、次の天皇がその皇太子である必然性はない。国を治める真の実力があるかないかだけが問題を決定するだろう。結果的に、日本も中国のように姓の異なる王朝が交替し続ける国になっていただろう。武力抗争で王朝交替を繰り返す不連続の国柄になっていたかもしれないのである。

聖徳太子の天才は、宗教の衝突を「あれもこれも」という日本らしい解決法で乗り切った。仏教派の先覚者として導入の先頭に立った聖徳太子が、同時に日本の国柄を構想する政治家として「敬神の詔」を起草し、仏教導入後も、従来通り伝統の神々を祀り続けることを誓ったのである。

この文化戦略は、以後わが国が外来文化を導入する際の自覚的な方法となって継承されていく。外来文化と日本の伝統文化を統合しながら、日本の伝統を再構成し続けるという道である。宗教でそれができるなら、他の技術や知識でできないことはない。外来のものであれ、日本古来のものであれ、「良いものは良い」「ダメなものはダメだ」という、偏見を持たない、時代に即応した取捨選択が可能になったのである。

ここに記した仏教伝来の教材観は、堺屋太一著『日本を創った十二人』（ＰＨＰ新書）に依拠している。私はこの本の第一章「聖徳太子」に激しい衝撃を受け、日本という宿命の原型を見た思いがした。この授業は、本書に触発されて生まれたものである。

「あれもこれも」という構えは、時に私たちを縛る足かせのように見えることがある。しかし、その大方針がなければ日本の歴史はなかったのである。私には、それが良かったか悪かったかといったような他人事の議論はできない。私たちは今もなお、聖徳太子が直面したのと同様の宿命を生きているのだと思えるからである。

## ◆授業の実際

### 一　仏教伝来という問題

この授業は、黒板に六世紀頃の東アジアの地図を掲示することから始めよう。

『今から千五百年ほど前の話です』

その頃中国は三つの国に分かれていました。三世紀の前半に後漢という大帝国が滅ん

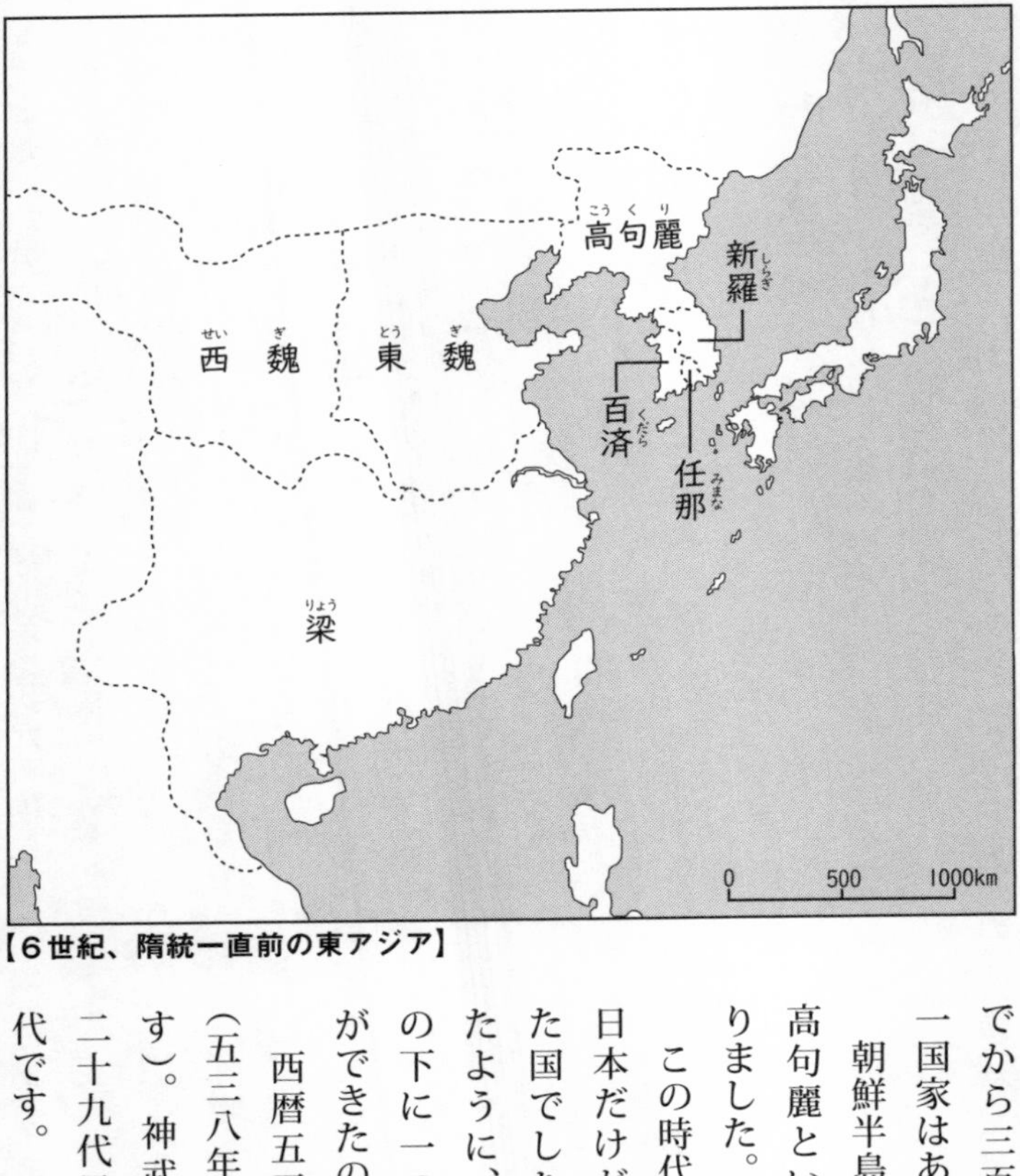


【6世紀、隋統一直前の東アジア】

でから三百年、中国には統一国家はありません。

朝鮮半島には、百済・新羅・高句麗という三つの国がありました。

この時代は、東アジアでは日本だけが一つにまとまった国でした。すでに勉強したように、日本は大和朝廷の下に一つにまとまることができたのです。

西暦五五二年のことです（五三八年という説もあります）。神武天皇から数えて二十九代目の欽明天皇の時代です。

その欽明天皇に、朝鮮の百済の王様（名前は聖明王です）からすばらしい贈り物が届きました。それが問題の始まりでした。一つの贈り物が、六世紀の日本を大きく揺るがすほどの大問題になっていきます。

そのプレゼントの実物は残っていません。みなさんに想像してもらうために、たぶんこんな物だったろうという絵を用意しました。

千五百年前のご先祖たちは、これを見てたいへん驚き、感動したそうですので、みなさんもぜひ感動の声をあげてみてください。

【想像図】

心やさしい子供たちは、一斉に「ウォー！」とか、「ワー！」とか、感動（？）の声をあげてみせた。こうして子供たちはしだいに千五百年前の大和朝廷の大広間に参入していく。この授業は、子供たちを崇仏排仏論争の現場に連れて行きたいのである。

そうだね。そんなふうに声をあげてしまうほど、初めて見る黄金の像はこの世のものとは思われないほど美しく輝いていました。

『これは仏様の像、仏像と言います』

仏様は外国生まれの〈かみさま〉です。インドで生まれて、中国で育ち、朝鮮を通って今初めて日本にまでやってきたというわけです。

『この仏様を信じる宗教のことを仏教と言います』

さて、聖明王の贈り物は仏像だけではありませんでした。仏様のありがたい教えが書かれたお経や、仏様をお祀りするいろいろな道具などもそえられていました。

聖明王から欽明天皇に宛てたお手紙もありました。読んでみましょう。

《この仏様は、世界中のさまざまな〈かみさま〉の中で最もすぐれています。仏様を拝めば、計り知れないほどの恵みがあります。こうしたいと願ったことは何でもかなうほどです。今中国の国々も、朝鮮の私たちの国・百済も、みなこの仏様を信じて新しい国づくりを

進めています。日本のみなさんも、これからは仏様を信仰して、大和の国をもっともっと立派な国にしていったらいかがですか》

これが、歴史にいう「仏教伝来」という大事件の発端であった。

## 二　日本初の政策討論会

今お話ししてきたことはみんな、『日本書紀』の欽明天皇のところに出てくるお話です。欽明天皇は仏像をごらんになって強く感動しました。お手紙をお読みになってより一層心を動かされました。日本書紀にはこんなふうに書いてあります。

《この日天皇はこのお手紙をお読みになって、おどりあがるほど喜ばれた。そして、百済からの使者にこう言われた。『自分は昔からこれまで、このようなすばらしい教えを聞いたことがなかった』と》

たいへんなお喜びようであったことがわかります。が、ここが日本の天皇らしいところなのですが、続けて次のように書いてあります。

《(欽明天皇は)『けれども自分一人で決定はしない』と言われた。たくさんいる家来の豪族たち一人一人に尋ねられ『西の国から伝わった仏の顔は、光り輝き、たいへん美しい。私はこれほどの美しさをこれまで見たことがなかった。さて、私たちは仏様を祀るべきだろうか。それぞれの考えを教えてほしい』と言われた》

この部分はぜひ解説しておきたいところだ。

欽明天皇は独断専行せずに、事の是非を群臣一人一人に尋ねたというのである。ここには中国皇帝の専制政治とは全く異質な王の姿がある。私はこれを記録に残る日本初の政策討論会であったととらえている。後に聖徳太子の十七条憲法に結実する「話し合いによる政治的決定」の具体例がここに記されていると言えるのである。それがわが皇室の伝統であったようである。

水田稲作・金属・文字等、海を渡ってきた新文明の断片に遭遇するたびに、列島の各地では、このような国際派(革新派)と伝統派(保守派)の真剣な議論が長い時間をかけて展開されたのではないだろうか。

さてここで一つ子供たちに確かめておくことがある。

欽明天皇はすばらしい教えと美しい仏様に感動されています。にもかかわらず、仏教を信じようという決定はされませんでした。このエピソードから、大事なことは天皇一人で決めずに、家来たちの考えもよく聞いて話し合った上で決めるという伝統があったことがわかります。ただ、私はそれだけではなく、欽明天皇ご自身もどうしたらいいか、そうとう迷われていたのだと思います。

『〈外国のかみさま〉を信じたい。でも、それでいいのかなという大きな悩みがありました。どうして欽明天皇はそれほど悩んだのでしょうか？』

「日本には日本の神様がいるからだと思います」

「日本には縄文時代からずっと神様がいました。弥生時代にもいました。そういう、大昔からつながっている神様を、〈外国のかみさま〉と取り替えていいのかと迷ったのだと思います」

子供たちもまた、日本の神様たちのことを心配していたことがわかる。

それは、前の時間に、神話を学んでいるからである。子供たちは、第七時〈皇室のご先祖が日本列島を統一した〉で、前方後円墳から日本建国の史実を推理し、第八時〈なぜ王たちは天皇を中心にまとまったのか？〉で、その史実が、後世まとめられた神話ではどう物語られているかを学ぶ。その伏線がないと、この討論の授業は成立しないからである。だから子供たちは、日本の神々についてかなり詳しくなっている（終章の「歴史の指導計画」参照）。

「日本は王様の霊なども信じていて、大きな古墳に祀っていました。それは欽明天皇の先祖でもあるから、いきなり仏教を信じてもいいのかなと、迷ったと思います」

そうですね。みんなの言う通りです。日本には日本の神様がいました。仏様を拝むようになったら、そちらはどうしたらいいのだろう？　欽明天皇の一番大きな迷いはそこにありました。

千五百年前ですからね。人の生き死にも、国が発展するのも滅びるのも、みな神様のおかげであり、神様のお心しだいという時代です。だから、今日の勉強はそういう昔の人々の心の中の、神様の大きさ、重要性ということをしっかり想像することが大切です。毎朝毎晩、神様におすがりしてようやく生きられた時代、喜びも悲しみも何もかもが神様と共にあった時代なのです。いいですね。そういうご先祖の気持ちをしっかり想像しながら勉強を進めましょう。

『日本にはどんな神様がいましたか？』

「スサノオノミコトです」

そうです、ヤマタノオロチを退治した勇者ですね。高天原では掟に反する乱暴をして追放されてしまった神様でした。

「イザナギノミコトと、イザナミノミコトです」

これは、日本列島をつくってくれた神様ですね。たくさんの神々もお生みになりました。日本のおおもとのご夫婦の神様でしたね。

「アマテラスオオミカミや、ツキヨミもいます」

アマテラスはスサノオのお姉さんですね。後に、天皇家の先祖として位置づけられることになる神様です。

そういう有名な神様だけでなく、山にも海にも、日本にはたくさんの神様がいらっしゃいます。それから、王様の霊ですね。国のために活躍してくれた王様を古墳に祀り、神として礼拝したことも勉強しました。日本には、ご先祖の神様と、自然の神様、土地の神様など、たくさんの神様がいらっしゃいました。

ですから、欽明天皇にはそういう日本伝統の神様をどうするのかという悩みがあってそう簡単には決められなかったのでしょう。

天皇の命令で朝廷の大広間に豪族たちが集まり、大討論会が開かれたのです。

『今日はみなさんを、今から千五百年前の大和朝廷に連れて行きます。みなさんもご先祖の一人になったつもりで討論に参加するという勉強です。日本の未来がかかっていますから、いい加減な気持ちでは困りますよ。どうか真剣に勉強してください』

討論の論題はこうだ。

わが国が、仏教を国の宗教にすることに、賛成か、反対か。

ここで「宗教とは何ですか？」という質問があった。神様に祈り、神様をお祀りすることであり、人間の道徳のもとになるのが宗教だというふうに教えた。集められた豪族たちの多くはどうしていいかあまりよくわからなかったのではないかと思います。しかし、日本書紀には堂々と意見を述べた人の名前が書かれています。

賛成派の代表は、蘇我稲目《そがのいなめ》さん。

反対派の代表は、物部尾輿《もののべのおこし》さん。中臣鎌子《なかとみのかまこ》さん。

いつの時代もそうですが、多くの人はどっちにしたらいいかよくわからない。でも必ず、リーダーになる人はいて、勉強もしているし、よく考えている。ここでも、三人のリーダーが、賛成と反対の意見を天皇の前で述べました。その賛成・反対の代表意見をこれからみんなと一緒に読んでみることにします。

その前に少し注釈を入れよう。まず、次に示す資料は、日本書紀の記録をもとにして、いろいろな学者の研究も参考にし、その上で、さらに私が大胆に推理して、小学生にも読み取れるように書いてみたものだということ。次に、資料の中に「大王《おおきみ》」とあるのは「天皇」のことだということ。大和の国の王が「天皇」と名乗るようになるのは、もう少し後の時代だというのが歴史学者の意見だからだ。欽明天皇は「天皇」と呼ばれることはなかった。大王だったのである。なので、資料の中には「大王」と書いてある。それは「天皇」のことだと思って読んでほしい。なお実際の授業で配布した資料には、学級の子供全員が読めるようにルビがつけられている（以下各章同じ）。

『さあいよいよ蘇我さんが立ち上がって、立論を始めました。しっかり聞いてください』

**賛成派代表：蘇我さんの意見**

**①仏教は、今や世界の常識です。**

世界の中心である中国には、たくさんのお寺がたちならび、多くの人が美しい仏様を拝んでいます。お隣の朝鮮の国々も同じです。

強い国、文化の進んだ国はみな仏様を信じて政治を行っています。仏教には新しい時代の理想とパワーがあるのです。

わが国もこの新しい時代にふさわしい宗教を取り入れるべきです。いつまでもわが国だけに通用する神様に頼っていては、世界の進歩に遅れてしまうでしょう。

**②中国の文化に学ぶことが国を豊かにします。**

わが国がここまで進歩し、一つの国にまとまることができたのも、米づくりや、銅や鉄など新しい技術や知識を中国から取り入れてきたからです。中国で発明された文字である漢字や、高級な土器、豪華な着物、新しい学問などの進んだ文化はみな、仏教とともにわが国に入ってきたのです。

国民みんなが仏教を信じるようになれば、外国の知識もさらにふえ、技術も進歩して、人々の生活はもっと豊かになることでしょう。

**③わが国の神様は新しい時代にふさわしくありません。**

わが国の神様は、理想も低く、ルールのきびしさもいいかげんです。その時その時で神様のお考えが変わります。そのうえ、ちょっと気に入らないことがあると、すぐにたたりがあります。

この新しい時代にはもう古くなってしまったのです。

**④仏教は人の生き方を教え、国を大きく発展させます。**

仏様の教えはお経に文で書かれています。良いことと悪いことの区別がはっきり示され、人としての正しい生き方を教えてくれます。

仏教のありがたい教えを大王が守っていけば、人々が大王を尊敬する気持ちも深まり、大王に進んで従うようになるでしょう。

仏教こそ、人の生き方を教え、大王のもとに人々がまとまり、国を大きく発展させてくれる大切な教えなのです。

以上、四つの理由から、私たちは、仏教を国の宗教にすることに賛成します。

**反対派代表：物部さんの意見**

**①ご先祖への感謝を忘れてはなりません。**

わが国には、たくさんの大切な神様がいらっしゃいます。その中には、大王のご先祖である神々もおられます。この大切な神々を、春夏秋冬にお祀りすることこそ、大王の大切なつとめなのです。

国のリーダーがご自分のご先祖様をかえりみず、捨ててしまうようでは、神様のたたりはおそろしく、この国は滅びてしまうでしょう。

ご先祖への感謝を忘れたらわが国の未来はありません。

**②外国の宗教にすぐに飛びつくのはあさはかです。**

宗教は人の心のことですから、知識や技術を取り入れるのとはわけが違います。

今外国からきらきらした仏様が伝えられたからといって、すぐにそっちに飛びつくのは、いかにもあさはかで見苦しいことです。神様は目に見えないからこそ尊い。それが昔からわが国の伝統ではありませんか。

**③わが国の神様には、外国の神様にはない良さがあります。**

確かにわが国の神様にはルールのきびしさはありません。でも、私たちが明らかに間違った時にはきびしく教えてくれます。また、外国の神様と違って、事情も考えないでルールだけで罰を与えたりはしません。

神様は森にも川にも、山にも海にもいらっしゃり、私たちをいつもあたたかく見守っていてくれました。今こうして国があり、私たちが生きられるのも、神様のおかげなのです。

**④わが国の神様を信じて、一つにまとまった国を守るべきです。**

私たち全国の豪族が大和朝廷の大王を中心に一つの国にまとまったのは、わが国の神様が大王のご先祖につながっているからです。もしこの神様を捨ててしまえば、国のリーダーは大王とその子孫でなくてもいいことになってしまいます。そうなったらもう大王も豪族も区別がありません。また昔のように、力の強いものが「私が大王になる」と言い出して戦争になり、せっかく一つにまとまったこの国がまたバラバラになってしまうでしょう。そうなってはもう、国の進歩も発展もありません。

以上、四つの理由から、私たちは仏教を国の宗教にすることには反対します。

読み終えると子供たちは自分の考えをどちらかに決める。

『両方に「なるほどな」と思ったところがあった人はどれくらいいますか？』

この問いには、全員の手が挙がる。子供たちは、どちらの立論にも「なるほど」と思いながら、最終的にはどちらかの立場を選ぶのである。

子供たちは、このような対立のある話し合いが大好きだ。言うだけ聞くだけではすまない真剣勝負の雰囲気がいいのだ。また、対立意見と戦いながら考える時、ノーミソは最も活発に活動し始める。聞きたくなり、言いたくなり、しかもよくわかり、役に立つのだ。もし自分の立場を決めないで話し合いに参加すれば、どちらの考えも、ちっとも面白くないのである。自分の身にも火の粉が降りかかるような場に立ってこそ、学ぶ意欲も高まり、切実に考えざるを得なくなる。だから、子供たちは必ず自分の立場を決めるのである。また選択肢が「A対反A」または「A対B」である時、私の授業では、その中間とか、その他といった第三の立場は原則的に認めない。むやみに話を複雑にするだけだからである。

立場を決めた子供はその理由を簡単にノートに書く約束になっている。ここで少し時間を取る。資料の中から、あるいは資料を超えて、自分の立場の根拠となることがらをメモしておくのである。

《あんなに激しく言い合って学級の人間関係は大丈夫ですか？》と尋ねられることがある。話は逆である。知的な対決が日常の人間関係を壊すことはない。お互いの違いがわかり、違う理由が理解でき、そのおかげで自分が触発されたり、考えが深まったりするのだ。

「そんなこと、ぼくは考えもしなかったよ」

「あの反論はすごかったね。ぞくぞくしたよ」

知的な対立は楽しく、よくわかるという実感を通して、子供たちの人間関係は豊かになり、好ましい変容を見せるのである。大げさに言えばそこには尊敬さえ生まれる。

みんな同じだから仲良しなのではない。同じでないことはいずれわかる。大事なのはみんな違うから面白いということを、目に見えるようにしてやることだ。実感させることである。口先だけで個性の尊重を教えても役に立たない。

討論ではお互いが違うからこそ面白い。違うからこそ、与えたり、得たりできるのである。違うことの楽しさを実感できる。人間関係が豊かにならない道理がないのである。

話し合いに入る前に、必ず挙手で意見分布をとる。

子供たちは手を挙げているメンバーを見て、敵味方を確認する。アイコンタクトをしたり、うなずきあったりして心の準備をしている。その表情がとてもいい。それぞれなりに、きりりと引き締まった風貌になるからである。

さて、今年の子供たち（まほろば二代目）は次のような結果になった。

賛成派・蘇我氏グループ……十九名
反対派・物部氏グループ……二十名

なんと、みごとにまっ二つに割れたのである。

教室が一瞬息をのんだように思え、ややあって、「よし」という気合いが入った。

『それでは欽明天皇がごらんになっていると思って大いに議論をしていきましょう。歴史に残るような良い話し合いができるといいですね』

さてこの授業のような大きな話し合い学習の場合は、子供たちに互いを指名させあって進めることが多い。発言した子供が次に言う子供を指名するシステムである。子供たちの論点はあっちへ行きこっちに帰り、重複をしたり繰り返されたりしながら進む。授業としての効率よりも、なるべく大勢の児童に発言させることを重視する方法である。この授業では、三十九人中三十二人が自分の出番をつくった。一人で何回も発言する子供もいる。そのまま記述したらたいへん読みづらいものになる。そこで、賛成派と反対派の主な意見を整理して示してみることにする。

ただし「　」の中の言葉は子供が発言した言葉である。

## 《賛成派十九名の意見》

### ①技術や知識が進歩する

「仏教を取り入れた方が、技術が発達して暮らしが豊かになるからです」

「この国がここまで進歩してきたのは、中国から知識や技術を取り入れてきたからだと思う。米づくりや金属をつくる技術、文字などを中国からもらっていなかったら、まだ大和朝廷も大和の国を建国できていないと思います。仏教を信仰すれば、もっと進歩すると思います。日本の神ではなく仏教を信じれば、ほかの国の動きや進歩を知ることもできて、知識もたくさん取り入れられると思います」

外来の知識・技術を導入することは大和朝廷の大方針であった。そのパワーが朝廷の日本統一を実現したのだ。まず出てくるのは、その方針上に仏教も取り入れるのは当たり前だという国際派（進歩派）の論点である。この意見が最も多かった。

### ②国の安全が守れる

「中国は仏教を取り入れています。朝鮮が仏教を取り入れたのは、大きくて強い中国のとなりだからだと思います。周りの国々が仏教グループでまとまって、日本だけが違うのはまずいと思います。もし攻められたら味方がいないからです」

「ほかの国と戦争をしたときに中国が味方についていた方が安全だと思う。物部さんが、国内で戦争が起きるのはまずいみたいに言っているが、中国と対立するようになったらその方があぶないし、国の発展はないと思う」

「ぼくも似ていて、仏教を取り入れるのは、中国を味方にしておくためです。高級な着物とか技術とか、学問とかをこれからどんどん入れて国を発展させるのだから、国内で多少の犠牲が出るのはやむをえないと思う」

他にも何人か続いたが、これらの意見は内戦のリスクよりも対外的な安全保障を優先して考えている。仏教にはそうするだけの対外的な重要性があると感じているのだ。〈弥生時代の王たち〉や〈卑弥呼〉の学習を通して、子供たちは古代東アジア世界の力関係にかなり敏感になっている。

### ③世界の流行に合わせる

「世界中が仏教を信じて政治をしているのに、日本だけが取り入れないのは時代に取り残されてしまうような気がする。遅れた国になりそうで、まずいと思う」

「ほかの国がみな仏教を取り入れて政治を行っているのに、日本だけがやらないのでは、日本だけが遅れてしまうようで、何となくいやです」

これらは力関係というよりも、世界の潮流（グローバルスタンダード）に合わせようという意見である。そうしないと遅れるという不安がある。

子供たちのたくさんの意見は、おおむね以上三点のバリエーションであった。が、そこに収まらない次のような独創的な見解もあった。

### ④リーダーは血筋ではなく実力主義で選ぶ

「たしかに日本には大王のご先祖である神様がいます。でも日本の未来のためにはここで仏教を取り入れる方が大事です。だから、これからの天皇は先祖である神様と血がつながっていなくても、ほんとうに国をまとめる実力のある人が天皇になればいいのではないですか。神様の子孫を天皇にするというやり方をやめれば、古い日本の神にこだわらなくてもいいんだから、そうすれば、天皇が仏教を信じて日本は発展できると思います」

この子は、仏教派がクリアしなければならない最も重要な論点をわしづかみにして、他の児童にはない積極的な主張をした。国のリーダーを血筋で選ぶのはおかしいと考え、実力主義を主張しているのである。そうすれば古い神はいらなくなる、と。中国流の王朝交替の国柄を構想しているのである。

余談だが、この子はその後〈大化改新の授業〉の中で、自分が発案した実力主義リーダー論（易姓革命論）を捨てる。中大兄皇子に共感する学習を通して「日本は、天皇家から天皇を出した方がよくまとまるのだ」と主張するようになっていったのである。

## ⑤仏教で国のまとまりをつくる

「世界中が仏教だということが重要で、これについていくことが日本を進歩させます。いまは日本の神でまとまっているからいいと思いますが、仏教に変えても、みんなが仏様を信じるようになれば、それでも国はまとまると思います。そうすれば国もまとまるし、技術も進歩できます」

これは、グローバルスタンダード論の延長上に新しい論点をつけ加えたものだ。宗教が国をまとめるパワーであることを直感しているのがすばらしい。この時代、神と仏が共に、国を支える拠り所であったことは間違いないからである。

## ⑥仏教は宗教のレベルアップだ

「どんな国にも大昔から宗教はあったと思うが、仏教はそういう古い宗教ではなく、新しい時代の新しい宗教で、だから中国のような進んだ国もそれを取り入れて政治をするようになったのだと思う。日本も宗教を新しくすれば、もっと国としてのレベルも上がるんだと思う」

これも他の児童の意見にはない新しい論点だった。

確かに、キリスト教や仏教は新時代の理念宗教であり、日本の神々のような自然宗教の展開型とは異質である。経典(聖書)があり、戒律があり、個人の救済への意思が信仰の拠り所となっている新しいタイプの宗教なのだ。

中国が仏教を導入し始めたのは、日本が国家形成を始めた一世紀から二世紀にかけてのことである。ちょうど同じ頃ヨーロッパでも『新約聖書』が成立し、キリスト教は猛烈な勢いで広がっていった。大和朝廷が胎動し始めた時代は、ローマ帝国にキリスト教が導入されていった時代でもあるのだ。ウォルター・ペイター『ルネサンス』(冨山房)には、欽明天皇が金銅仏に圧倒されたように、黄金のキリスト像の輝きに圧倒されるローマの人々が活写されている。テオドシウス一世がキリスト教を国教と定め、太古からのローマの神々や東方から来た神々を追放したのは四世紀の末のことであった。その後またたく間にヨーロッパの森に息づいてきた土着の神々は滅びていったのである。

こうしてみると、日本書紀の仏教伝来の記事は、キリスト教がヨーロッパを席巻していくのとほぼ同時代の動きだったのである。それだけに、日本の独創的な問題解決は、世界宗教史にページを割くに値する事件ではないかと思われるほどである。

こうして賛成派（仏教導入派）の意見発表が終わった。

## 《反対派二十名の意見》

### ①神は見えないから尊い

「日本の神様は仏像と違って目に見えない神様で、それが日本の伝統です。伝統は切らない方がいいと思います」

「きれいな仏像がいいというなら、神様のきれいな像をつくったらどうですか。ぼくは像なんかいりません。目に見えなくても神を信じてきたのが日本だと思います」

このように、目に見えない（偶像をつくらない）という論点にこだわる児童が一定数必ずいる。今回はそれほどでもなかったが、まほろば一代目の時は偶像派と反偶像派のかなりシビアな討論が展開された。金ぴかに最初は驚いても長くは続かない、目に見える物は必ず古びていく、神は目に見えないから尊い等といったテツガクが主張されたりもする。

### ②日本の神を捨てるのは人の道に外れる

「今まで神様が私たちを見守っていてくれました。私たちのご先祖様はつらいときや苦しいときには、いつでも神様にお祈りしていました。それなのに、きれいな仏像が贈られてきたからといって、今まで日本を守り続けてくれた神様を見捨てるのは、神様にとても失礼です。私はそういうのはいやなので、反対です」

「昔からずっと伝えてきたことを、周りの国がみんな仏教になったからといって、簡単に変えてしまったら、ご先祖様や神様に悪いと思います」

「今まではずっと大王の先祖を神として、ずっと祈ってきたのに、今変えてしまえば神様を裏切るようなものです。今まで国をまとめてくれた神様に感謝して神は今まで通り信じていくべきだと思います」

「今までお世話になった神様に失礼だと思います。今までお世話になったお礼として、神様への信仰を守り通すのが人としての礼儀だと思います」

「たたりで国がこわれてしまうかもしれないから、反対です。ご先祖様への感謝を忘れちゃいけないと思います」

　このように、保守派の一番強い主張は、感謝が足りないという考えである。子供たちの素直な心がストレートに出てくる。「そんなのは人間のすることじゃないと思う」とか「神への裏切りだ」などという強い感情表現が出される。

**③天皇中心に国を守ろう**

「リーダーが天皇家でなくてもいいということになって、実力者が争いだして国が乱れてしまえば、豊かにはなれません」

「今までは自分の国の神様を信じて国をまとめてきたんだから、仏教を取り入れてしまうと日本の国のリーダーが天皇ではなくてもいいということになってしまって、国が分裂していってしまうと思う。だから仏教は取り入れない方がいい」

「神様が滅びれば、大王の力も弱まり、誰でも力が強ければ国のリーダーになれることになり、日本人同士が戦争を始めます。せっかく統一してまとまった国がまたばらばらになって、日本がなくなってしまいます。どうしてそれが進歩だとか発展だとかになるのか、ぼくにはわかりません。宗教は、金属の道具だとか米づくりのような技術とは違うと思います」

「大王と豪族などの他のリーダーたちとの区別がつかなくなるのはまずいと思います。もし力と力の争いで、みんながおれが大王になると言い出したら、せっかく一つにまとまった日本がまたばらばらです。それは、賛成派が言った『ちょっとの犠牲』なんて甘いことではないと思います」

このように、日本は大和朝廷がまとめたのだから、これからも天皇を中心にして国づくりをした方が良いのだという意見が多い。実力主義で行けば必ず内戦になり、かえって国力は弱まるだろうというわけだ。

## ④日本は日本のままでいい

「日本には日本の神様がいる。よその国のマネをすることはない。日本は日本でやっていく方がいいと思います」

最後はこのように、神様まで外国製に乗り替えることはないじゃないかという意見が保守伝統派の広い支持を得る。外国のものばっかりそんなにありがたがるなよという言い分である。そこには次のような足るを知ればよいという立場もある。

「もっと豊かになりたいという人に言いますが、食べ物に困るというわけではないと思うし、そんなに欲を出さないでもいいと思います」

『賛成と反対のそれぞれにかなり強力な理由があることがはっきりしましたね。さて、もう少し相手に言いたいことがあるという人はいますか？』

次に子供たちが相互に反論し合った部分を示してみよう。

「反対派に反論します。反対派の人はご先祖様に失礼だと言っているけど、今まで日本は百済や中国からいろいろな文化や技術などを教えてもらって発展してきました。それなのに、せっかくすすめてくれているのに、仏教だけは受け入れないというのは、これまでお世話になった国々に対して失礼だと思います。〈失礼だ〉というのは、両方の意見に当てはまるから、ご先祖様にだけ失礼だという意見は成り立たないと思います」

この子はディベートが好きで相手の論点をいかにしてつぶすかという発想で意見を組み立てている。〈失礼だ〉という論点はお互い様なのだから相殺されると言っているのである。

「賛成の人は、仏教を取り入れると日本は豊かになると言いましたね。でも、この問題は今まで取り入れた技術や知識とは違って、神様の問題です。天皇の祖先を捨てれば、天皇も捨てることになって、力があれば誰でも日本のトップになれることになって、また戦争でリーダーを決める国になってしまいます。国内で戦争ばかりやって、どうして豊かになれるんですか？」

「たとえば、中国と違ったことをやれば中国と戦争になるかもしれません。そうなったら、圧倒的に中国の方がでかくて強いんだから、戦争には負けるでしょう。日本がなくなってしまうんだから、そうなったら日本の神様もなくなります。仏教を取り入れれば、もし外国と戦争になっても負けることはないと思うので、ぼくはそうすれば日本の神様もい、い、い、い、い、い、い、い、い、い、守れるんじゃないかと思い、い、い、います」

「仏教を取り入れると、どうしてほかの国との戦争にも負けなくなるんですか？」

「仏教を取り入れれば、強い中国の仲間になれると思うからです」

「反対派は国が豊かにならないと言うけど、仏教を取り入れれば、中国や百済とも交流がふえて、もっともっといろいろなことを学べるし、貿易もできるから、少しくらい国の中で争いがあってもだいじょうぶです」

「賛成派の人にちょっと聞きたいんですが、仏教を取り入れないと、どうして中国と戦争になるかもしれないと考えているんですか？」

「この時代は中国中心の世界なんだから、やはり中国と同じような文化にしないと、逆らっているというようなことになって、攻め滅ぼされる可能性があるんじゃないかと思いました」

「仏教を取り入れなければ攻めるというようなことは言ってないと思います。もしそんなことなら、それは強制的に仏教を信じろということだから、そんなことを言われるくらいだったら、ぼくは信じません。その方がいやです。そんな強制されるくらいなら、これからも自分たちの神様を信じていった方がいいと思います」

「百済からの手紙は、信仰してみてはいかがですかという言い方だったのだから、その考えはおかしいです」

「だから、強制ではないんですよね。だったら、日本が攻められるおそれはないと、ぼくは言っているんです」

「わかりました。でも、だからと言って、百パーセント安全ということもない。ぼくは中国の文化に学んで、仏教も取り入れて、中国の味方になっておいた方が、いまのところはより安全なんじゃないかと思います」

今年の子供たちは、一昨年よりも国の安全保障を意識した考えが強く出た。人数分布もほぼ同数になり、意見の出し合いもより激しく活発だった。

一昨年の子供たち（まほろば一代目）は、八割が保守派だった。意見の内容も「親や先祖を大事にしたい」「日本の神様がかわいそうだ」のように、どちらかというと心情的な主張が強く出ていた。そして〈見える神VS見えない神論争〉が中心的な争点になったりした。

同じ教材を用いて、同じように授業してもこれほどの違いが出てくる。授業は生き物なのである。

この議論の中に、仏教導入派でありながら日本の神々も残したいという意見（前述の傍点）が出てくる。次のステップの聖徳太子と同じ考えであり、興味深い。

『すばらしい話し合いでしたね。ご先祖もまた、みなさんと同じような真剣な議論をしたのだと思います。そして解決できそうもないたくさんの対立が残りました』

千五百年後の子孫たちがこんな立派な勉強をしているのを知ったら、きっとご先祖様も喜んでくれることでしょう。さて、大和朝廷の討論会の後、欽明天皇はこう言われたと、やはり日本書紀に記されています。

《それでは、まず蘇我稲目にこの仏像と経典を授けて、しばらく礼拝させてみよう》

蘇我さんの真剣さがわかったのでしょう。信じたい者に仏教を禁じたくはないと、天皇は蘇我さんが仏教を信仰することを許されたのです。しかし、朝廷として、天皇としてこれを信じるべきかどうかは、蘇我さんの信仰の結果を見て考えよう。おそらく、そういうご判断だったのでしょう。こうして千五百年前の討論会はひとまず終わりました。

## 三　仏教論争を解決した天才＝聖徳太子

しかし、聖明王は仏教を蘇我氏個人に伝えたのではありません。日本に伝えたのです。大和朝廷としてどうするか、日本の国としてどうするかは、大きな問題として残されたままです。

『この大問題を解決してくれたのは、当時の日本のある若いリーダーでした。この人です』

教室のあちこちから「あ、聖徳太子だ」という声があがった。

聖徳太子は五七四年に用明天皇の皇子として生まれました。あの仏教伝来から何十年か後に生まれたのです。父は用明天皇、母親は蘇我稲目の娘でした。ですから、聖徳太子は天皇家の皇子であると同時に、蘇我氏の一族でもあったのです。幼い頃から仏様の貴い教えを学んで育ち、当時の日本では最も深く仏教を理解したと言われます。十四歳の時、蘇我氏対物部氏の戦争に参加して蘇我氏の側で戦いました。

五九三年、聖徳太子は二十歳の若さで推古天皇の摂政になりました。今で言えば総理大臣といったところです。朝廷の若いリーダーは、政治のトップになって国づくりを進めました。その最も重要な仕事が、この「神様か、仏様か」問題の解決でした。あの討論からおよそ半世紀が過ぎた推古十五年（六〇七年）のことです。

【聖徳太子の肖像画】

『さて、五十年も続いた大問題を、聖徳太子はみごとに解決しました。最終的に、日本は仏教をどうしたと思いますか？』

「仏教を取り入れたと思います」

「賛成です」

『何か証拠がありますか？』

「証拠ではないのですが、蘇我氏と物部氏が戦って蘇我氏が勝ったということを読みました。大和朝廷も信じることになったのだと思います」

『よく勉強しているね。その戦争は本当にありました。物部氏は蘇我氏によって滅ぼされていきます』

「いまも、仏教を信じている人がいます」

「お寺があります。お寺には仏様がいます」

そうですね。今もお葬式は多くの人が仏教でやっていますね。お坊さんがお経をあげてくれます。亡くなった人の霊が極楽に行けるように拝んでくれますね。日本中、どんな小さな村にもお寺はあります。

『では、日本の神様は捨てられてしまったのですか？』

「捨てないで残したのだと思います」

『そうですね。こちらも証拠がありますか？』

「四年生のとき、総合学習で氷川神社を調べたことがあるんですが、あそこにはスサノオノミコトが祀られています」

「私は仏教を信じている人と、キリスト教を信じている人を知っていますが、どちらでもない人は、いまも日本の神様を信じているんだと思います」

「日本中に神社があって、神社には日本の神様がいます」

「お稲荷様とかもいろいろあって、お稲荷様はきつねですが、それも日本の神様です」

その通りです。みなさん、お正月には神社に初詣に行くでしょう。神社は仏様ではなく、物部さんが強く主張した日本伝統の神様ですね。こちらも捨てないで、大切に残したのです。神社もまた、日本中どんな小さな村にもあります。

『みんなが考えたように、仏教を取り入れて、日本の神様も残したというのが、わが国の解決でした』

聖徳太子は他の人が「仏様か、神様か」と考えたところを、「仏様も神様も両方大事にしよう」と考え、それを実行したのです。こういう言葉でみんなを説得したと言い伝えられています。

日本の神々を幹として、
仏教を枝として伸ばし、
日本を豊かな国にしていきましょう

日本を大きな木にたとえています。幹というのはその中心ですね。日本の神々を幹とするというのは、日本は神々を祖先に持つ天皇家を中心に一つにまとまっていきましょうという意味です。それが太い幹です。

それから、仏教が枝。ここでは仏教を取り入れて、そのすばらしい教えを学んで枝として伸ばしていこうという意味ですね。

豊かに繁った大きな木のイメージです。

つまり、両方とも大切にしましょうということなんだね。そうしないと、日本らしさを守りながら、発展していくことはできないと考えたのです。

両方大切だということは、みなさんの話し合いでよくわかった通りです。

国が一つにまとまるためには天皇がいなくてはならない。だから、日本の神様をこれからも大切にしよう。

だけど、日本はまだ一つにまとまったばかりで、仏教やその他にも日本より進んだ文化が中国にはまだいっぱいある。それらをしっかり学んで、日本のものにして、日本をもっと豊かな国にしていかなくてはいけない。

そういうふうに、聖徳太子はお話しになって、みんな、ああなるほどその通りだなあということになったそうです。この言葉は言い伝えで、本当にあったことかどうかはわかりません。でも、いかにも聖徳太子らしいすばらしい言葉ですね。

それ以来、仏様か神様かという争いはぴったり終わりになりました。天皇も、豪族たちも、みな両方を拝むようになったからです。それで、千五百年後の今も日本にはお寺と神社の両方があって、それぞれ人生の節目節目に、私たちはお世話になっているというわけです。

推古十五年（六〇七年）二月、それまで仏教導入政策を強力に推進してきた聖徳太子が敬神の詔を書いて、大和朝廷がこれまで通り神々を祀り続けることを誓った。これによって仏様と神様は共に仲良くこの国を支え続けることが決まったのである。

太子の命を受けた第二回遣隋使が海を渡ったのは、まさにその年の秋のことであった。たくさんの留学僧を隋に送り出す前に、太子は日本の国柄を確定しておいたのである。

聖徳太子が摂政として行った政策は、どれをとっても重要でないものはない。太子の政策とその精神は、その後今日に至るまで、日本の歴史をつらぬく原型となったからである。聖徳太子は日本の国づくりの設計図をかいた人物なのである。

その設計図はいくつかの大方針からできている。この授業は、その第一である文化戦略の大方針を学んだのである。最後にそれを、次のようにまとめておこう。

《聖徳太子の国づくりの大方針・その一》
「仏教を取り入れ、仏様と日本の神様の両方を祀る」

←

外国文化の良さに学び、日本の伝統文化の良さも守り、両方を生かす。

『聖徳太子という若いリーダーは、日本の国の始まりの頃、たいへん大きな働きをしました。今日はその第一を勉強しました。明日からは、その二つ目、三つ目を勉強していくことにしましょう』

## ◆子供たちが学んだこと

■仏さまか神さまかで五十年も争い続けていた。よっぽど神さまを見捨てたくないという人がいたんだと思いました。そこが日本の良さだと思いました。伝統をしっかり守り、日本をずっと一つにまとめていきたいという気持ちが伝わってきました。それで、仏教も取り入れるけど、神さまも大事にすることになりました。これからは、日本の良さと外国の良さのどちらもが伝統として続いていくのだと思いました。

■とてもすごい話し合いだった。何だか大昔のご先祖といっしょに考えているような気がした。ぼくは自分の国が進歩することも大切だし、自分の国の伝統を受けついでいくことも大切だと思い、少しあやふやな気持ちでした。聖徳太子のあの言葉は、みんなの期待にこたえているような、みんなが納得しているような感じがして、とてもうれしかったです。

■ぼくは仏教に賛成だったけど、反対の意見もなるほどなと思いました。このような討論を大昔、大王の前でやっていたのだなあと、なんか感動しました。昔の人はそうとう迷ったと思います。何しろ命より神さまが大切だったような昔だからです。聖徳太子は私たちのために本当にいいことを言ってくれました。

■私は反対派でした。ずっと、仏教か日本の神さまかどちらかしかないと思っていたからです。でも聖徳太子の言葉でわかりました。両方を一緒に守ることもできるんだなと思いました。授業が終わって、私はどうして聖徳太子みたいに考えられなかったのかなあと思いました。

■聖徳太子の解決にはびっくりしました。仏さまも日本の神さまの一人にしてしまったみたいだからです。

■聖徳太子がどっちも採るというなら、戦争が起きる前に決めてほしかった。そうすれば、物部氏は滅ぼされずにすんだ。百済はなぜ争いになりやすい仏教を日本に伝えようとしたのか、それが疑問だった。

■神さまのことで戦争するのはおかしいと思う。この争いを止めた聖徳太子は神さまのような人だと思った。聖徳太子はもともと仏教派で、仏教を取り入れる方にいたのに、どちらにも公平にできるなんて、もしかしたら神さまの分身かもしれないと思った。もし、どっちかを捨ててしまっていたら、日本は危なかったかもしれない。この人がいたから今の日本があるのだと思った。

■ぼくは仏教には反対だった。でも賛成派の意見を聞いていると「ああそうか」と思うことがたくさんあって、いい勉強だなあと思った。仏教か神かで戦争があったなんて初めて知った。人々はどうして仏教と神を両方とり入れることをしなかったのだろう。外国の良さを学び日本の良さを守る。こういうことは、千五百年後の今でもあることだと思った。

# 第三章

## 続・聖徳太子の授業

# 「遣隋使の国書」

### ――中華冊封体制から自立した日本

## ◆授業づくりの話

聖徳太子の授業の一時間目で「仏教伝来」を取り上げ、聖徳太子とは日本の国の設計図をかいた人物だととらえておいた。そして、その偉大な業績の第二、第三を教えていきますと予告した。本書ではそのすべてをお見せできないので、ここで聖徳太子の授業のあらましを述べておきたい。

私は聖徳太子の授業に四時間かける。全六十八時間のうちの四時間だから、これは他の人物とは別格の扱いである。それは前述したように、聖徳太子が日本という国の設計図をかいた人物だからである。言い換えれば、日本の国づくりの骨格となる大方針を示した人物だからである。

その大方針とは次の三点である。

一、外来文化と伝統の統合

外来文化に偏見を持たず良いものは良いと積極的に導入するが、わが国の伝統も良いものは良いとして自覚的に継承し続ける。そして、両者を統合して新たな日本を再構成していく。

二、天皇中心の国

天皇の地位は世襲とし、天皇を中心に国家の統合を図る。政治の実権はその時その時でふさわしい人物（たち）が担い、国家が一つにまとまるための象徴的な権威として、天皇を位置づける。

三、国家としての自立

たとえ先進文明を学ぶ側であっても、日本の天皇は隋の皇帝と対等であると宣言し、それまでのように中国皇帝に「王」として冊封《さくほう》される関係を廃止した。この時初めて、天皇は中国皇帝の家臣であることをやめ自立したのである。

たとえ国力が違い、文明の質が異なっても、国家と国家の外交関係は上下ではなく、あくまで対等であるとするのである。

この三本の柱は、以後天智天皇から聖武天皇に至る時代の人々によって継承され、奈良時代には古代日本が完成することになる。国家が完成するという言い方はあまり正確ではないかもしれないが、少なくとも建国から聖徳太子に至る日本国草創期の人々が夢に見、思い描いたであろう国の姿に到達したのが天平時代であるととらえたい。

その後、中国文明と一定の距離を置いた時代が来る。平安時代から江戸幕末までがそうだ。この時代は、わが国が外来文化とは距離を置いて日本独自の文化的な自己形成をとげた時期であったととらえよう。この時期は国際社会との積極的な交渉がなくなり「一、外来文化と伝統の統合」は見えにくくなる。しかし、戦国から江戸に至る西洋文明との出合いに際しても「外来文化と伝統との統合」は試みられている。そして「二、天皇中心の国」と「三、国家としての自立」もまた、およそ千年の長い歴史を貫いて確かに継承されていった。法的に見れば、明治憲法以前のわが国は古代律令国家の継続ととらえるのが正しいからである。

この長い文化的な自己形成期の次に、明治維新がやってくる。それは、古代国家形成期に続く、わが国の第二次国家形成期である。日本の近代国家の建設は「王政復古」に始まるのだが、明治の先人たちの国づくりの基本方針が聖徳太子のそれとほとんど異ならないことに注目すべきである。相違は、かつては中国古代文明の衝撃であったものが、ここでは、欧米の近代文明との衝突であるだけである。

古代日本が遭遇した世界とは、中華文明を盟主とする東アジア世界であった。しかし、幕末の日本の前には地球上全体が一つの世界として立ち現れてきたのである。そして近代国家日本が完成した時には、もうかつてのような世界と距離を置いた自己形成期は与えられなかった。

わが国の先人の歩みと功績は、必ず聖徳太子の三大方針のどこかに位置づけることができる。大きな視野で見れば、私の全六十八時間の歴史授業のどこを切っても、この三本の柱が見えてくる。歴史の神もまた細部に宿り給うので、すべての授業がそうだとは言い切れないが、聖徳太子の国づくり三大方針は私の歴史教育の内容構成の指針でもあるのだ。

以上が、聖徳太子を時間をかけて印象深く教えたいと考える理由である。


さて、具体的な授業の話である。

「一、外来文化と伝統の統合」は一時間目の〈仏教伝来の授業〉で取り上げた。これは前章の通りである。

「二、天皇中心の国」は、本書には取り上げられないが〈十七条の憲法の授業〉である。教科書や資料集を見ると「十七条の憲法は役人の心得集のようなもので、今日のいわゆる憲法ではない」という注釈が入っている。が、私は十七条憲法も立派な「憲法」であるととらえている。なぜなら、それは「天皇中心の国」というわが国の国柄を初めて明確に示した文書だからである。「天皇中心の国」は、律令・明治憲法・昭和憲法と継承されて今日の日本がある。「いや国民主権だ」などと頓狂なことは言わないでほしい。イギリスやスウェーデンなどと同様に、国家を統合する皇室（王室）の働きといわゆる立憲制度＝民主主義は立派に両立するのである。象徴天皇制度が戦後だけのものではないことは、歴史を虚心に眺めればわかることである。

「三、国家としての自立」がここで紹介する〈遣隋使の国書〉の授業である。

この授業には学習の前提となっている授業があり、子供たちもその内容をふまえて考えているので説明しておこう。先行する〈奴国王の金印からわかること〉と〈ヒミコも中国の家来だったのか？〉という二つの授業がそれで、中華冊封体制下の日本を取り上げている。前者では志賀島出土の金印「漢委奴国王」を教材に、後者では『魏志』倭人伝を教材に、中国の強いパワーを後ろ盾にして国づくりを始めた日本列島の王たちを取り上げていたのである。

その授業の後、一人の児童は次のように書いていた。

■金印は水戸黄門の印籠みたいだった。それは周りの国々をしたがえるのに役に立っただろう。でも、よく考えるとこの場合は中国の皇帝が「将軍様」ということになり、何かへんだった。弥生時代の日本は中国と親分・子分関係だったことがわかった。

卑弥呼の授業では『魏志』倭人伝を読んだ。魏と邪馬台国の関係も前の授業の奴国と変わらない。子供たちは「邪」や「卑」という文字遣いにははなはだ不満であった。そういう理解と心情を持ちながら、子供たちはこの授業〈遣隋使の国書〉に入ってくるのである。

聖徳太子の授業の四時間目〈隋に学んで、隋に追いつこう〉では、太子の生涯とその偉大な業績をまとめた。この授業の最後に、子供たちは日本書紀の太子死去の記事に出合う。当時の人々の悲しみの深さに、子供たちもまた深く心を動かされ、四時間の授業が終わるのである。

最後に注記を一つ。実は、この授業は安達弘氏（横浜市立芹が谷小学校教諭）がつくり最初に実践されたものであり、私は氏の詳細な実践記録を追試したのである。安達氏は自由主義史観研究会の共同研究者でもある。授業の構成や資料などを大幅に変更しているので、ここに示す授業の責任はすべて私にあるが、安達先生の研究がなければこの授業はあり得なかった。ここに謝意を表しておきたい。

## ◆授業の実際

### 一　遣隋使の国書

いきなり黒板に次の文を書くことから授業に入る。

> 日出る処の天子、書を、日没する処の天子に致す。恙なきや。

『読んでください。読めないところはホニャラと読みましょう』

授業の入り口は誰でも参加できる活動を組むことが多い。絵や写真などビジュアルな資料を「読む」ことが多いが、ここでは言葉を読むのである。一年生で習う漢字もあり、誰にでも読める部分があるのだから、子供たちを列で指名して順番に言わせていく。

「ヒデルホニャラ……」から始まって、八人が力を合わせて読んだ結果はこうなった。

「ヒノデルショノテンシ、ショヲ、ニチボツスルショノテンシニイタス。ホニャラナキヤ」

わけのわからなさに笑いが起こる。初夏の風が通う教室は和やかな気分に包まれていた。

たいへんよく読めました。ほとんど正解と言っていいでしょう。とくに「ヒデル」を「ヒノデル」と読み替えたのはすばらしいね。実は、中国に出す手紙は全部漢字で書いてありました。黒板に書いたのは、たぶんこう読んだに違いないと研究者が直したものです。最初の部分は「日出処天子」となっています。だから「ヒノデル」という読みが間違っているわけではありません。

では、黒板のように書いた場合のふつうの読み方を教えましょう。

『ヒイズルトコロノテンシ、ショヲ、ヒボッスルトコロノテンシニイタス、ツツガナキヤ』

教師が先に読み上げ、子供たちに後に続かせる。その後、子供たちだけで声を揃えて二度ほど読ませる。大勢が一斉に読むので、この方法を教室では「斉読」と呼んでいる。

『これは、歴史上たいへん有名な手紙の書き出しの部分です。ある意味で日本の歴史の中で最も重要な手紙だと言えるかもしれません。誰が誰に出した手紙でしょう？』

「天照大神が誰かに出した」

『天照大神は神様です。実在の人物ではありません。神様と実在した人物を区別できるようになりましょうね』

「聖徳太子からツツガナキヤさんに出した」

『すばらしい。聖徳太子は半分正解です。ですが、ツツガナキヤは人の名前ではありません』

この授業は、言葉の意味を前もって解説しないまま進行させる構造になっている。わかる部分からわからない部分を推測しながら、少しずつ謎が明らかになっていく。そして、国書前言の全体の意味が明らかになった時、その歴史的な意義も明らかになるのである。

読者は、子供たちがなぜ言葉の意味を質問しないのかをいぶかしく思われるかもしれない。だが、子供たちは最初の「ホニャラ」という指示の時点で、「ああこれは謎解きの授業だな」と直感している。とりあえず先生の指示に従って進む方が勉強が面白くなるはずだと期待しながら、子供たちは野暮な質問は控えているのである。

『実は、これはこの時代の天皇だった推古天皇が出した手紙です。この時、聖徳太子は推古天皇（この方は女性の天皇でしたが）の摂政として実際に政治を進めました。摂政というのは今の総理大臣の立場です。実質的なリーダーは聖徳太子だったわけです。半分正解と言ったのは、差出人は推古天皇で、実際にこの手紙を書いたのは聖徳太子だったからです。

この手紙は国書といって、国が国へ出した手紙です。個人的な手紙ではありません。日本の天皇から、どこかの国のトップに出したものです』

「中国だと思います」

『大正解。この国書は推古天皇から中国の皇帝にあてた手紙です。これはその書き出しのところを抜き出したものです』

黒板に次のようにまとめた。

日本（大王）
　←　遣隋使「国書」……書いたのは聖徳太子
中国＝隋（皇帝）

この手紙が出されたのは西暦六〇七年、七世紀が始まったばかりです。「大王《おおきみ》」と書いたのは、この時にはまだ「天皇」という呼び名はなかったと考えられているからです。

この国書を出すまで百年ほどの間、日本は中国との直接のつきあいはありませんでした。中国はいくつかの国に分裂して争っていたからです。その間、大陸の文化は中国からではなく百済など朝鮮の国から日本に入ってきました。

ところが、ちょうど聖徳太子の頃、隋という大帝国が中国を統一します。聖徳太子は、仏教を枝のように伸ばして国を発展させようと考えたことを実行して、これからは中国から直接進んだ文化を学ぼうとします。そして遣隋使というお使いを中国に送りま

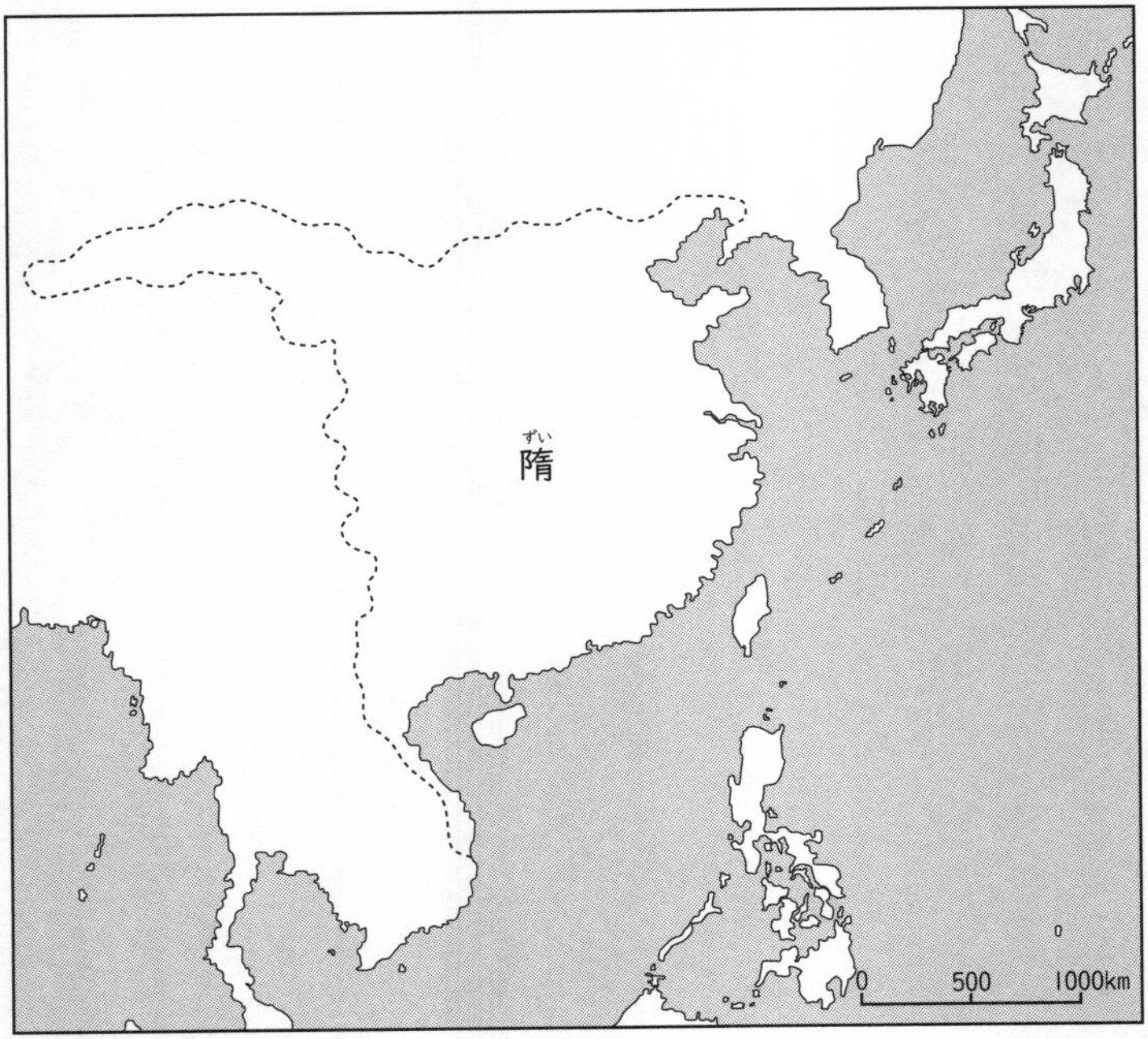


【7世紀初めの東アジア】

した。その代表が小野妹子です。「妹子」ですがこの人は男性ですよ。たくさんの若者が仏教やその他の中国の進んだ文化を勉強するために中国に渡りました。この国書は、その小野妹子が隋の皇帝に渡したものです。中国の昔の本に記録が残っています。今日の勉強はその記録をもとにしています。

ここでもう一度斉読しておこう。漢文の歯切れのいいリズムから聖徳太子の強い意志を感じることもできる。それは子供たちの身体にも心地よく響いている。

## 二　皇帝の怒り

さて、隋の宮殿に着いた小野妹子は、さっそく皇帝の煬帝に天皇からの国書を渡しました。すると、皇帝はこの書き出しを読み始めたとたん火のように怒ったといいます。「このような野蛮国の無礼な手紙が来ても、これからは私に見せるな」と家来に言いつけた、と中国の大昔の本に書いてあります。

『この手紙のどこかに、皇帝を怒らせる言葉があったのですね。それはどの言葉でしょう？』

【燿帝】

「なんとなくだけど、〈つつがなきや〉」

「つつがなきや」は全く手がかりがないからね。怪しいと思ったでしょう。でも残念でした。これは「お元気ですか？」という意味です。

「〈処〉だと思います。処刑の処だから、何か悪い意味があるんじゃないか」

よく考えたね。処刑の「処」とは驚きました。熟語から漢字の意味を推理できたのは立派です。が、これも違います。「処刑」の「処」は、「処理する」とか「処分する」のように、「何かを行う（片づける・始末する）」という意味です。この国書の「処」は、「所」と同じ意味で、場所の「ショ」です。「日が昇るところ」「日が沈むところ」ということですから、「処」で怒ることはありません。

「〈日出る処の天子〉と〈日没する処の天子〉です。なんとなく位を変えろという感じがするから怒ったのではないか」

『すばらしい。それが正解です』

| | |
|---|---|
| A | 日出る↓日没する |
| B | 天子↓天子 |

『隋の皇帝はこのAとBの二つの言葉の組み合わせに怒ったと考えられています。どうしてだと思いますか？　まずAの方はどうですか？』

「中国が日没するみたいで、暗い感じがする」

「〈日出る〉は日が昇っていくということで、日本の文化がこれから発展していくという感じで、明るい。中国は〈日没する〉で、これから夜になるみたいです」

本当にそうですね。ふつうの人はそんなこと言われたらまあ、イヤな気持ちになるだろうね。先生も子供の頃はそう教わりました。だから正解とします。でも、これについては、「単に東と西という意味だと考えることもできるから、そんなに気にしなかったのではないか」というのが最近の研究のようです。

『実は、皇帝が一番許せなかったのはBの方、〈天子〉という言葉なのです。この皇帝の怒りについてはどう考えますか？』

「本当は中国の方が進んでるのに、中国と日本が同じという感じだからです」

「日本の天皇と中国の皇帝が同じえらさになってしまう。だから、そんなことぜったいに許せんって中国は怒ったんだと思いました」

「中国の方が大きくて強いのに、位を同じにされたから怒ったんじゃないか」

「聖徳太子は自分（推古天皇）のことを天子と言って、中国の皇帝のことも天子と言って、両方が同じ位だと言ってるみたいだから、隋の皇帝は怒ったと思います」

よく考えましたね。すばらしい。全くその通りなのです。ここでちょっと復習しておきましょう。

『中国と日本、中国とその周りの国は、これまでずっと親分と子分の関係だった。それが当時の世界だったね。そういう関係のことをなんと言ったかな？』

「冊封体制です」

そうだね。中国が世界の中心で周りの国はその子分の国だった。貢ぎ物を持っていって、国を認めてもらう。おまえが王だと認めてもらう。皇帝が一番えらくて、それぞれの国の王は皇帝の家来ということだった。彼らは、中国から「王」という身分をもらったんだね。ところが、この手紙には両方とも天子と書いてある。天子というのは「神様から政治を任された人」という意味だから、決して悪い意味の言葉ではない。でも皇帝は怒り狂った。「私も天子、あなたも天子とは何ごとであるか」というわけです。確かにこれじゃ、天皇と皇帝が同じ位になってしまいますね。これまでの上下関係を考えると、許せなかったのでしょう。みなさんたいへんよく考えました。

## 三　聖徳太子の考え

さていよいよこの授業の核心の問いに到達した。

『聖徳太子は、どうして隋の皇帝を怒らせるようなことを書いたのでしょうか？　自分の考えをノートに書きなさい』

その授業で一番ノーミソを使ってほしいところでは書かせるのがよい。考えることは書くことだからだ。また、書かせることによって、どこまで子供たちがこの授業についてこられたかも把握することができる。

「それって、わざとなんですか？」

『賢い聖徳太子が、言葉の意味もわからないでミスしたとは考えられません。こうするというはっきりした考えと意志があって書いたことなのです』

この質問の後、子供たちは自分のノートに向かって鉛筆を走らせた。静かな教室に鉛筆の音だけが聞こえる。まるで一生懸命考えているノーミソが立てる音のようだ。

さて、そろそろ約束の時間が来た。挙手している顔ぶれを見渡して、最初の発言者を指名する。

「自分の国が中国の子分みたいだったじゃないですか。それにちょっと不満を持っていて、ぼくも前の勉強でそうだったんだけど、やだなあって。それで日本もだんだん強くなって行くから、もう同じレベルにしようと考えた」

「それを短く言うんですが、冊封体制をなくす」

「国と国のつきあいを平等にしたい」

「これからは、中国と日本の関係を親分子分じゃなくして、日本は独立して中国と同じになる」

「もう中国に従うのじゃなく、自立している国になる」

「いつまでも中国の子分でいたら、日本は成長しない。子供から大人の国になる」

「いままでは中国に従ってきたけど、これからは日本は日本としてやっていきたい」

「前は中国に従っていたから、邪悪の邪とか、卑しいとか、悪い字を使われていたじゃないですか。そういう関係はイヤだと思った」

「中国の皇帝を怒らせて、日本は中国の子分からはずれる。中国は日本を子分として認めなくなる。それで、中国と日本の関係は上下じゃなくて、平等になる。聖徳太子は、神を幹として仏教を枝として日本を発展させようとした。そのためには、日本が独立してやっていった方がいいと考えた」


子供の発言は同じことを繰り返している。ただ、言い方にそれぞれの個性が出る。言葉を替えたり、何かをつけ加えたり、例示したり、感情をこめたりする。ずばり一言で言いきりたい子もいる。そういう子供一人一人の言葉の違いを大切にすべきである。それが、理解すべき一つのことの陰影や輪郭をより豊かに浮かび上がらせるからである。


ここで、一人、そんなにうまくいくのかという反論が出て、短い議論が起きた。

「ちょっとみんなに言いたいんですけど。国と国が平等になって独立するのはいいんですけど、日本はこれから中国から文化とかを学んで発展したいんじゃないですか。それなのに、いま親分子分の関係をやめて中国から離れてしまったら、文化や技術を学べなくなっちゃうんじゃないんですか？」

「たしかにそうかもしれないけど、独立して教えてもらうのはいいけど、このまま中国の子分のまま教えてもらったら、日本は中国と同じような国になっちゃうからだと思います」

「でも、前に日本の神を幹にして仏教を取り入れてやっていくと言ったじゃないですか。中国と同じような国に近づくのがイヤだったら、幹だけでいいんだから、仏教も取り入れなかったと思う」

「中国の下にいたら、何でも自由にはできない。それだったら、中国から学べないとしても、独立してやっていく方がいい」

「中国から学んでも、国としては平等になろうということだから、中国にそれを認めてもらえれば、それはできると思います」

「でも、実際に皇帝は怒っているんですよね。うまくいかないと思うんですけど」

この議論が子供たちの思考に奥行きを与えたのは言うまでもない。

思わぬ児童がたった一人で思わぬ反論をした。みんなはそう言うけれど、それで日本は本当に大丈夫なのかと真剣に心配しているのである。この議論のおかげで片側からわかっていたつもりの風景が、反対側からも見えるようになった。反論が出せる教室は何はともあれすばらしい。知的にも道徳的にもすばらしいのである。

『みんなよく考えました。冊封体制から離れて、国として中国と対等の関係になるという意見がほとんどでした。みんな正解です。理由づけもすばらしかったね。それがまさに聖徳太子の考えです。とくに最後の話し合いはたいへん重要です。すばらしい反論でした。確かに、もしこの政策によって中国から全く学べないことになったら、留学生を送れなくなったら、聖徳太子の考えた日本の発展はなくなるかもしれません。学べなくても中国の子分のままよりは独立を選ぶという意見もありましたが、実は、聖徳太子にはある読みがあったらしいのです。ある理由があって、日本を独立させるこの計画は必ず成功するという確信が持てた。だから聖徳太子は決断したのです。その理由を説明しましょう』

隋はちょうどその頃、高句麗と戦争中で手こずっていた。その戦争を有利に運ぶために、隋は日本を味方にしておきたいはずだ。そういう聖徳太子の国際情勢についての判断を、地図を使って説明していく。「遠交近攻策」という中国伝統の戦略についても簡単に説明する。この聖徳太子の情勢判断の話で、さらに先ほどの議論の意味が深まっていく。子供たちから「すごいなあ」という嘆声がもれてきた。ここでまとめておこう。

『中国（隋）を先生として尊敬しこれからも学んでいくが、国と国との関係は対等になりたい。中国との親分・子分関係をやめて、国としては中国と対等の関係にしたい。ズバリ言えば自立した国、独立した国になりたいと聖徳太子は考え、この国書でその考えを実行したのです』

## 四　もう一つの国書

これで学習は大きな峰を越えた。そろそろ収穫の時である。

黒板に次の言葉を書いた。

> 東の天皇、敬しみて、西の皇帝に白す。

今度はすぐに読み方を教え、全員で斉読した。

「ヒガシノテンノウ、ツツシミテ、ニシノコウテイニモウス」

これは、その翌年に、再び隋の皇帝に送った国書の、やっぱり書き出しの部分です。

この時も遣隋使の代表は小野妹子でした。東の国日本の天皇が、西の国隋の皇帝に、心をこめて申し上げる、という意味です。

『聖徳太子は、この時も、中国の冊封体制からはずれて独立する、中国と日本を対等な関係にするという大方針を変えませんでした。それがわかる言葉はどれでしょう』
「〈皇帝〉と〈天皇〉だと思います」
その通りです。「皇」という文字は、王様の王と同じ意味ですが中国の皇帝だけが使える特別な文字でした。だから、子分の国の王様には「王」という字を使わせてきたのです。ところが、この手紙で日本の王は「天皇」ですよと言ったわけです。皇帝でも王でもない、天皇です。「これからは日本も〈皇〉の字を使います」という意味もあります。
天皇には北極星という意味があるそうです。天の星はすべて北極星の周りを回りますね。国のまとまりの中心という感じがよく表れている言葉です。こうなりました。

天皇（日本）
＝
皇帝（隋・中国）↓王（朝鮮などの国々）

『中国の皇帝はまた、怒ったでしょうか？』

「怒ったと思います」

「ゆるせん！　という感じです」

実際はどうだったのか、残念ながら記録がありません。しかし、この後も遣隋使は続けられたので、隋は「天皇」という言葉を受け入れたことがわかります。国書を受け取ったということは、日本が「皇」を使うことを認め、日本の王が「天皇」と名乗ることを認めたということです。ですから、この国書によって日本の自立は完成したと見てよいでしょう。

また、先ほどの話し合いで出たような心配も解決しました。このあと遣隋使や遣唐使が何度も中国に送られ、たくさんの日本の若者が中国に留学して勉強を続けました。そして、その成果を日本に持ち帰って、日本の発展に尽くしたのです。

たぶん聖徳太子の読みが当たったのだと思います。

『聖徳太子は、みごとに①中国から進んだ文化を学ぶ、②国としては自立し中国と対等につきあう、という二つのねらいを実現したのです』

《聖徳太子の国づくりの大方針・その三》

> 国として自立（独立国）し、中国と対等な関係になる。

## ◆子供たちが学んだこと

■中国と対等につきあえるようになって良かった。聖徳太子のねらいがあたったので、よくそんなことが思いつくなと思った。聖徳太子がいなかったら、もしかしたら今でも日本は中国の家来になってしまっていたのかなと思った。国の大きさや力はちがっても、同じ国々なのだから、対等につきあうのがよいと思った。

■聖徳太子はとてつもなくすごい人だとあらためて思った。随の皇帝を怒らせてまで手紙を書き送った。聖徳太子の方針はすごくいいと思った。「自分の国は自分の足で立つ！」「今までのような日本ではだめだ」。そう気づいたのだと思う。……今こうして「日本」という国が独立してやっていけるのも聖徳太子のおかげだと思った。

■皇帝を怒らすような手紙を書いたというので、何か悪いことでもしたのかと思った。が、それは日本は独立しますという手紙だった。これには大賛成だ。しかも、皇帝の「皇」の字は、中国の皇帝しか使ってはいけない字だったが、日本は「天皇」と使って、これでどっちも対等だということを書いて、日本を独立させたのはすごいと思った。

■聖徳太子の隋（中国）と大和（日本）が平等につきあえる国にするという考えは、ふつうの人は思いつかない。私なら、自立したらもうつきあいはないと思ってしまう。天皇は北極星という意味だと知って、中心がよくわかった。独立はつきあいがなくなるわけではない。現在の日本と中国も昔を見習ってほしいと思った。

■聖徳太子はとても勇気のある人だと思いました。ふつうは今までつかえていた国に失礼なことは言えないと思います。でも聖徳太子の判断は正しかったのだと思います。太子がこういう手紙を送りつけて、中国の皇帝が怒ったときもあったけれど、だからこそ日本が独立できたからです。それはとても勇気のいることでした。

■聖徳太子はとても危ない賭けをしたなと、思いました。でも、それは日本を思ってこそできたことです。そのおかげで日本は中国と平等な国になれました。中国が日本の気持ちをわかってくれてよかったと思いました。

■ぼくはみんなとは少しちがって、わざと中国の皇帝を怒らすなんて「何やってるんだよ」と思っていた。自分が聖徳太子だったとしても、こんな危険な賭けはやらなかったと思った。ぼくも日本を独立させたいと思うのはいっしょだけど、もっとちがうやり方を考えたと思う。ただ、聖徳太子が国づくりの天才だということはまちがいない。日本の国に誇りを持っているのだと思う。

■隋に、日本も隋も平等だという手紙を出した聖徳太子の勇気に感動しました。隋の皇帝に怒られたりどなられたりしたのを耐えた小野妹子も、すごい根性だなと感心しました。聖徳太子は毎度すごいことを考えるなと思いました。日本も「皇」の文字を使えるようになってよかったなと思いました。

■聖徳太子はすごく頭がいいと思う。隋が戦争をしていることを見はからってその手紙を送った。このときがチャンスだとわかったからだ。そしてその読み通りになった。小野妹子のどきょうにもおどろいた。このことがなかったら、日本の天皇はいつまでも皇帝の家来だったかもしれない。ぼくは、「日出る処・日没する処」で怒ったと思ったが「天子」だった。たしかにその方が重要だった。

■聖徳太子が手紙を出すまでは、日本は中国の家来だった。それは少しイヤな気がした。聖徳太子は日本と中国を平等にすることにした。もしこの手紙がなかったら、日本はずっと中国の家来だったかもしれない。だから、この手紙は日本の将来を決めた大事な手紙なのだ。聖徳太子の国づくりの大方針は、どれも大切でほんとうにおどろく。

# 第四章

## 鎖国の授業

# 「西洋とどうつきあうか」

### ——日本の安全を脅かしたキリスト教問題の解決

## ◆授業づくりの話

わが国は十六世紀の半ば頃初めて西洋と出合った。大航海時代の西洋である。年表には次のようにある。

一五四三年（天文十二年）　ポルトガル船が種子島に漂着し、鉄砲を伝えた。
一五四九年（天文十八年）　フランシスコ・ザビエルが鹿児島に上陸し、キリスト教の布教を始めた。

彼らは、室町幕府の全国統治が崩れ、各地に小国が割拠して小競り合いを繰り返していた戦国時代の日本にやってきたのである。桶狭間の合戦は一五六〇年（永禄三年）だから、今まさに織田信長の天下布武への戦いが始まろうとする時であった。

スペインとポルトガルは、世界中の珍しい物産や黄金を求めて世界征服の途上にあった。両国は東西から半周して地球上を半分に分け、それぞれを互いの支配領域とした。日本列島はその境界線上にあったのである。

彼らのむきだしの物欲はアフリカや南アメリカを征服して横暴と残虐をきわめた。それはまた彼らの聖なる使命の実践でもあった。彼らの世界進出のもう一つの目的が、邪悪な異教徒をキリスト教に改宗させ天国に導くことにあったからである。宗教改革との戦いに燃えるイエズス会の情熱が大洋を越えて行ったのである。

日本の鍛冶職人たちは、舶来した鉄砲の実物を見ただけで、すぐに同じ物をつくってしまった。大量に国産された鉄砲は戦国の世を終わらせるのに有効だったようだ。海軍力は持たなかったが、わが国の陸戦力はスペインやポルトガルを凌駕していたと言われる。こうして、彼らにとって日本は侵略ではなく交易と布教の対象国となった。貿易船に乗って日本にやってきたザビエルを始めとする宣教師たちは、神の手先であると同時に優れた商社マンでもあった。

信長や秀吉だけでなく、当時の戦国大名はみなヨーロッパの文物にたいへん興味を示した。交易は相互に有益であると考えていたのである。また、キリスト教の布教についてもまことに寛容であり、ほとんどの戦国大名は自由な布教を許していた。

戦国時代の西洋との出合いは、異質の文明との出合いという意味で古代日本の経験と似ている。が、信長にも秀吉にも、古代の指導者たちにあった外来文明へのコンプレックスは見られない。異質であるだけで、向こうが優れているという意識は全くなかった。

お互いに、珍しい物を交換し合えばよいと考えられていただけである。ここでも、「外来文化と伝統文化の統合」という異文化交流の大原則に従えばよいはずだった。

しかし、一つだけその大方針に収まらない異質な文化があった。それがキリスト教である。キリスト教は、それ自体が日本に受け入れられるだけでなく、すでにある日本の神仏を滅ぼさねばやまない絶対正義の宗教であった。その「正義」を実現しようとしたのが、キリスト教に改宗した戦国大名や武将たちである。

この時、わが国は歴史上初めて真に「異質な他者」と出合っていたのである。そして、それは、日本に新しい秩序と平和を創造しようとしていた人々にとって克服すべき巨大な課題となったのである。

この大問題にわが国の先人はどう対処したのか。それを学ぶことが、鎖国を知る第一歩であり、江戸時代を知るための入り口でもある。

授業は二時間の構成である。

一時間目は授業〈西洋とどうつきあうか——秀吉対フェリペ二世のキリスト教問題〉である。ここでは、全国統治を実現した豊臣秀吉がこのキリスト教問題にどう対処したのかを考える。幻の「信仰の自由令」と「バテレン追放令」という二つの法令を教材に、秀吉の決断と迷いを考えていく。日本にとってのキリスト教の意味がしだいに明らかになり、秀吉とフェリペ二世との対決の様相をかいま見る。

二時間目は、授業〈西洋とつきあうためのルール「鎖国」〉である。子供たちは江戸幕府の統治者の立場に立ち、徳川家康や家光と同じ情報を得た上で、日本の新しい平和秩序を打ち立てるためにどうすべきかを考える。日本は今後もヨーロッパと交際を続けるべきか否か。もし続けるのなら、そこにどんなルールをつくるべきなのか。子供たちは、それを考え話し合いながら、江戸幕府のいわゆる「鎖国」政策とほぼ同様の政策に到達する。

市村佑一・大石慎三郎著『鎖国＝ゆるやかな情報革命』（講談社現代新書）は、江戸時代についてこう書いている。

一つの巨大民族が、約二百六十年もの間全く戦争をせず、平和を楽しみ、その間に文化と富を蓄積していった歴史は、世界にも例を見ない。

この江戸時代像を歴史の常識にしたい。二百数十年の平和と安定、自給自足による国家としての自立、民衆の生活文化の豊かさなどは、まぎれもなく江戸幕府の統治が実現したことなのである。その史実を、まず共感的に理解することが歴史学習の基礎基本である。

なお、この授業のアイディアは、ＮＨＫテレビ「その時歴史が動いた」の「キリシタン禁制——秀吉、ヨーロッパと対決す——」から得た。また、安野眞幸著『バテレン追放令——世紀の日欧対決』(日本エディタースクール出版部)を参考にした。

## ◆授業の実際①

### 一 西洋とどうつきあうか

まず、次の見開きにある「南蛮屏風」の拡大したものを黒板に掲示する。

『これは、信長や秀吉の時代のある港町の様子です』

子供たちはすでに、鉄砲伝来と三人の武将「織田信長・豊臣秀吉・徳川家康」の学習を終えている。鉄砲を伝えたのがポルトガルの船であったこと、信長・秀吉・家康が、鉄砲だけでなくさまざまな西洋の文物にも興味を示し、喜んで使っていたことも学んでいる。

このように西洋との出合いはすでに学んでいるのだが、最も肝心な部分が欠けている。この絵は、それを子供に見つけてもらうために見せるのである。

この絵を見て、子供たちは、大きな貿易船が日本の港に着いたこと、その船は「たぶん」

ポルトガルかスペインであること、西洋人（白人）やアフリカ人（黒人）が洋服を着て帽子をかぶっていることなどを指摘する。さらに、誰かがこんな発見をしてくれる。

「教会があります。十字架がついているから」

　これが今回の学習の入り口である。

『これまで国内の戦乱と天下統一の歩みを勉強してきましたが、今日はこの時代の外国との関係を考えることにします。この時代はおよそ千年前の聖徳太子の時代と似ているところがあります。それはどんなことだったでしょう?』

「聖徳太子のときは中国だったけど、こんどはポルトガルとかスペインのような遠い国の文化が日本に入ってきました」

　そうですね。戦国時代は大昔に隋や唐の文化に出合ったように、スペインやポルトガルというヨーロッパの文化と出合った時代でした。彼らは地球の裏側からわざわざ日本までやって来ました。彼らが伝えた鉄砲は日本の歴史を大きく動かしました。鉄砲以外にも、信長や家康が持っていた西洋風の鎧、地球儀、世界地図、望遠鏡などの写真を見せましたが、今日はそういう物や技術の話ではありません。

『さっき絵の中に見つけた教会の話です。教会とは何ですか?』

「教会は、キリスト教の神様だと思います」

**【南蛮屏風】**（神戸市立博物館蔵）

「キリスト教はヨーロッパの神様です」

「聖徳太子のときは仏教でしたが、こんどはキリスト教が入ってきました」

多くの子供の目がこの発言で「ああそうか」というように光る。

そうです。聖徳太子の時は仏教という外国の宗教が伝えられました。それから千年もたって、今度はキリスト教という外国の宗教が入ってきたのです。これが今日一時間目の大問題になります。主人公はこの人です（上図を掲示する）。

【豊臣秀吉像】

豊臣秀吉は信長の後を受けついで日本を統一した人でした。秀吉は低い身分から出て、知恵と工夫で日本のトップにまで上りつめた人でしたね。検地や刀狩りなど新しい日本の平和な秩序をつくり出すために、真剣に頭を使った人でした。
頭が良く工夫と努力の人でしたが、秀吉は、たいへん難しい問題に直面して一生悩みぬいた人でした。それは、聖徳太子が悩んだ問題とよく似ていました。ズバリ書くとこうなります。

西洋の国々（スペイン・ポルトガル等）とどうつきあっていくのか？

この問題を、秀吉さんと一緒に考える。それが今日の勉強です。

## 二　秀吉の考えたルール

『豊臣秀吉の抱えていた問題は次の二点でした』

①西洋の産物・技術……貿易問題
②キリスト教…………宗教問題

豊臣秀吉は①の貿易はぜひ続けたいと考えました。西洋の国々と貿易して、日本にはない珍しい物、美しい物、役に立つ物などを買い、彼らのほしがる金や銀、日本らしい品物を売り、お互いの利益になるような交際を進めようとしました。

②のキリスト教についても、秀吉はたいへん好意的でした。身近なところにも宣教師

がいてよく会ってもいました。奥さんの一人は西洋風のマントや敷物などが気に入っていたようです。彼女の周りには大勢のキリスト教の信者がいたと言われます。

そのくらいキリスト教は秀吉の周囲にも広まっていました。九州の大名や秀吉の部下の武将の中にも、キリスト教の信者になる人がいました。民衆の中にも信者がふえてきました。当時数十万人ものキリスト教の信者がいたと言われているほどです。

日本人は新しいもの、外国から入ってくる文化を差別しません。偏見を持たないで広い心で受け入れようとします。そういう伝統がこの頃の日本にはもう根付いていたのですね。それはまさに聖徳太子が願ったことでした。

秀吉もまた「いいものはいい」と、それが外国のものであってもどんどん受け入れればいいと考えていたのです。

ところが、ここに一つ問題が起きました。

キリスト教を信じるようになった大名のことをキリシタン大名と言います。そのキリシタン大名が自分の領国の民衆全員に、「キリスト教を信じなさい」と強制するようになったのです。それだけでなく領内にある神社や寺を壊す動きも出てきました。

彼らはその地域のリーダーとして、そうするのが正しいことだと考えてやっているのですが、日本全体のリーダーである秀吉は「これはちょっとまずいことになった」と受けとめました。秀吉の気持ちを想像してみると次のようになります。

民衆が自分からキリスト教信者になるのはいい。大名がそうなるのもいい。自分で選んだことだから。

しかし、大名がキリシタンになったからといって、その家来やその国に住む民衆全員がキリスト教徒にならなければいけないということはない。そんな強制を許していたら、その地域から神社もお寺も消えてしまうだろう。日本人が古くから信じてきた神様や仏様が滅ぼされてしまうだろう。

そういうやり方は日本の伝統にはなかったことだ。それだけはやめさせよう。

これは想像ですが、この想像には理由があります。一五八七年六月、秀吉はキリスト教についてのある法律をつくったことがわかっているからです。その法律にはこう書かれていました。

・キリスト教を信じるか信じないかは個人の自由とする。
・キリシタン大名が、領地の民衆にキリシタンになることを強制してはならない。

『このルール、どう思いますか？』と問うと、子供たちは「いいと思う」「公平な感じがする」「聖徳太子のやり方と似ている」と言った。

そうだね。これは、仏様が入ってきた時の聖徳太子の方針と似ています。キリスト教の神様も日本という大きな樹のたくさんある枝の一つとして取り入れていこうとしたのです。しかし、大名が民衆に強制するのはやめさせる。そうじゃないと、樹の幹がキリスト教になってしまう。そうなってはもう日本とは言えない。伝統の神様や仏様は、これからも大事に祀らなければいけない。そういう法律です。

秀吉はこの法律を、部下のキリシタン大名高山右近と宣教師コエリョに見せて、意見を求めました。彼らがどう答えるか興味があったようです。

『二人はどう答えたでしょう？』

挙手で子供たちの意見分布を調べると、次のようになった。

・この法律に賛成したと思う………三名

・この法律に反対したと思う……三十三名

なんと、ルールとしてはなかなかいいと考えていた子供たちのほとんどが、そうは問屋が卸さないだろうという予想を立てたのである。この時期になると、子供たちも当事者の状況を推理したり、同じ状況下でも立場が違えば判断も変わることなどを理解するようになってきているのだ。

正解は「反対した」です。二人とも「この法律には従えない」と、きっぱり言い切ったらしいのです。

『なぜだと思いますか？』

この問いに数名の手がさっと挙がった。先ほどの予想が、単なるカンだけの裏読みではなかったことがわかる。

「高山やコエリョは、自分の神様がいちばんいいと思っていたので、日本人みんなに信じてもらいたかったのだと思う。いいと信じてるから広めたかった」

「(日本の) 神様や仏様も人を救ってくれるかもしれないけど、高山やコエリョはキリスト教の神様の方がもっとよく人を救ってくれると信じているからだと思います」

「大名はその国のリーダーだから、大名が信じていれば、いいことを人々にも信じさせたいと思う。だから強制してもいいと思った」

子供たちはまさに一神教の思考を再現しているのである。

『よく考えたね。その通りです。しかし、実はここが聖徳太子の時の仏教伝来の話と違って、キリスト教問題の一番の難問になったのです』

日本人はもともと神様はたくさんいていいという考えだった。だから日本の神様もいい、仏様もいい。いい神様はたくさんいるんだ。人それぞれで信じたい神様がいればいいということだった。仏様ももとは外国の神様だったけれど、そういう考えで受け入れた。それでこの時代まで神も仏も仲良くやってきた。どの村にもお寺と神社があった。両方が同じ家に祀られていた。

でもキリスト教は違ったんですね。

いい神様はキリスト教の神様一つだけだ。それ以外はみんな邪悪な神様だという考えだった。日本の神様も仏様も悪い神様だから、そんなものを信じている愚かな民衆には無理矢理にでも教えてやらなくてはいけない。信じたい人が信じればいいというのではだめで、みんながキリスト教を信じなくちゃいけない。そういう考えだ。

今みなさんが言ってくれた通りで、これが高山右近と宣教師コエリョが、秀吉のルールに反対した理由でした。

ただし、これは当時のキリスト教の話である。今のキリスト教は神社を壊したりはしない平和な宗教だということをここで断らなければいけない。子供たちの中には敬虔なクリスチャンもいるからである。そういう子供に肩身の狭い思いをさせてはいけない。

『秀吉は二人に反対されたルールをどうしたでしょう？』

「怒ってこの法律はやめた」

「高山右近を殺してしまった」

「キリスト教を禁止した」など、両者の考え方の決定的な違いに気づいた発言が続いた。が、次のような意見もあった。

「反対されても、自分の考えは正しいと思って実行した。だから二人にとくに罰は与えなかったと思う」

「キリスト教も枝の一つとして繋らせるほうがいいと考えていたのだから、法律をそのまま実行したと思う」

何人かの子供たちは、なんとか折り合いがつけられないものかと考えていたのである。

## 三　秀吉VSフェリペ二世

歴史の事実は「秀吉はこの法律をやめてしまった」が正解です。

これは手強い、考え方が全く違うと考えたのです。主人である秀吉に逆らってまであれほどの主張をするとは、キリスト教を信じる者たちはなみなみならぬ覚悟であるようだ。あんなのんびりしたルールでは神も仏もいずれは滅ぼされてしまうに違いない。そう思ったらしいのです。

怒った秀吉は、高山右近の領地を取り上げてしまいました。そして、あの法律をやめて次のように新しく書き直しました。これが有名なバテレン追放令です。

・日本は神と仏の国である。キリスト教こそ邪悪な宗教である。
・大名は、人々にキリスト教を強制したり、神社や寺を壊したりしてはいけない。
・キリスト教の宣教師（バテレン）は日本から追放する。

こっちは「あれもこれも、いいものはいいでやろう」と言っているのに、むこうは「いや、キリスト教だけが正しいのだから、日本の神も仏も滅ぼすぞ」と言う。これでは、キリスト教と日本の神様との両立はできない。秀吉はそう覚悟を決めたのです。

バテレン追放令が出されたのは、天正十五年（一五八七年）六月十九日です。

最初の法律案を二人に見せた日の翌日だったそうです。これは秀吉の頭の良さと決断の早さを伝えるエピソードだと思います。

【フェリペ二世】

ところが、この法律はきちんと実行されず、曖昧にされていきました。

そのわけを考えるために、ここでもう一人の人物に登場してもらいます(上の図を掲示する)。

この人は当時スペインとポルトガルの両方を支配していた王様です。フェリペ二世と言います。キリスト教の問題とは、実は「秀吉VSフェリペ二世の戦い」だったのです。まず、この王様の領地を見せましょう（次頁地図）。

十六世紀は、スペイン人やポルトガル人が世界の海に乗り出していった時代です。地球は丸いという発見がありました。大西洋をどこまでも西に行けばインドにも行けるし、また元にもどっても来られるというアイディアが生まれました。彼らは、アメリカ大陸を発見して、鉄砲の力でそこにもとからあったインカ帝国などの国々を滅ぼしました。そこに住んでいた人々を支配し、金銀財宝や珍しい産物をうばいました。アフリカの黒人は捕らえられて奴隷に売られました。最初に見せた絵に出てきた黒人は、そう

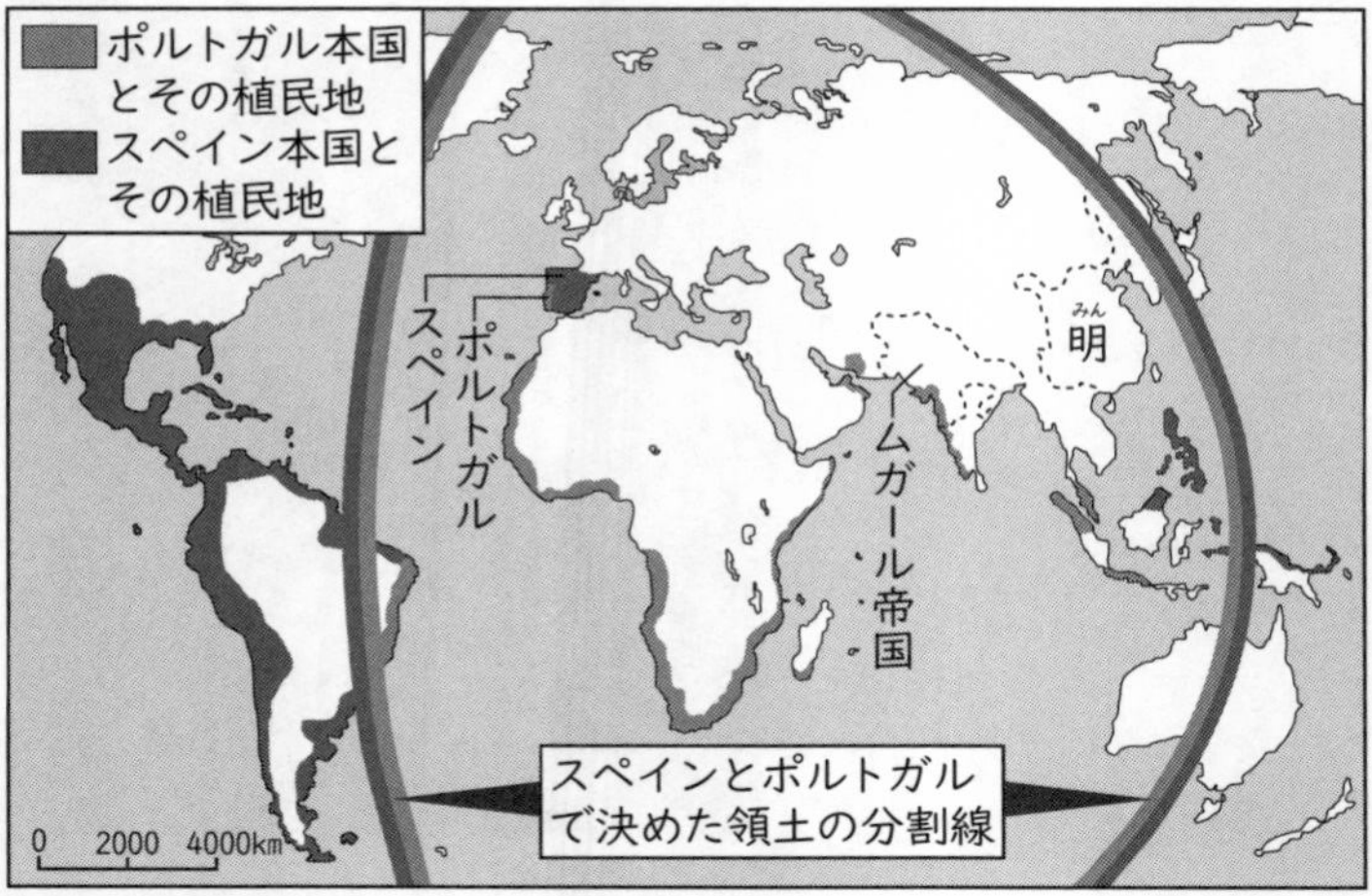


【16世紀の世界（スペインとポルトガルの支配）】

やって売られた黒人奴隷です。今アメリカにいる黒人は、この頃アフリカから売られていった奴隷たちの子孫なのです。そのようにして、スペインやポルトガルの領地が世界中に広がりました。これはその領土を表した地図です。フェリペ二世は、秀吉と同じ時代にスペインとポルトガル両方の王様だった人なのです。

『ご感想をどうぞ』

「スペインやポルトガルはすごい国だ」

「ヨーロッパの科学は進んでいる」

「世界中に領地があるのでおどろいた」

『そうです、フェリペ二世の領土をたどれば世界一周できると言われていました』

「インカ帝国を滅ぼしたり、黒人を奴隷にしたり、ひどいことをする国だ」

この意見には「同じです！」という賛同の声が教室に響いた。

「この頃は力の強い国が弱い国を征服してもしかたがない時代だったと思う。日本の戦国時代も国の中では同じだった」

多数が一つの方向に走ると、こういうさめた意見が出てくる。これも歴史の学習を積み重ねてきた成果の一つである。さらにこんな意見もあった。

「授業の最初に見たあの絵は平和な感じがしたので、先生のいまの話はあの絵のイメージとは違うなと思いました」

なるほど。実に、あの南蛮屏風絵は新奇な人々との出会いの驚きや好奇心にあふれている。西洋人への警戒心など全く感じられない。これも貴重な感想である。が、話を先に進めよう。

秀吉が相手にしていたのは、この当時世界最強の国でした。その海軍は無敵艦隊と呼ばれて、艦隊はたくさんの大砲を持っていました。その軍事力があれば世界征服も夢ではないと考えていたようです。

そのスペインが秀吉を困らせようとして、「おまえが宣教師を追放するというのなら、われわれはおまえたちとの貿易を止めるぞ」と、おどしてきたのです。

秀吉は貿易はぜひとも続けたかったのですね。それで、宣教師を追放する法律を厳しくは実行しなかったのです。こうして、キリスト教の布教はその後も続けられていきました。

平和に貿易をしてお互いに豊かになりたい。しかしキリスト教は入れたくない。こういう思いで秀吉は悩んだのです。

こんなこともありました。スペイン人の船乗りから恐るべき話を聞いたのです。

「スペインはまずキリスト教を広めてその国に信者をふやす。同じ神を信じる者は仲間となって団結するからだ。そうやって味方をふやしてから、最後は軍隊を送り込んで、その国を支配してしまうのだ。日本もいずれはそうなるだろう」

この情報は今から見ればアメリカやアフリカの歴史にぴったり合っています。

秀吉はこの話にはたいへんな危機感を持って、スペインへのみせしめを実行しました。キリシタン二十六人を長崎で死刑にしたのです。

また、最近この頃の日本にいた宣教師がフェリペ二世に宛てた手紙が見つかったそうです。その手紙にはこんなことが書いてありました。

《スペイン艦隊の基地を天草に置く。日本の海軍は弱い。九州と四国を占領することは簡単であろう》

スペインが日本征服を計画していたという情報です。

『この計画はどうなったでしょう?』

「戦争が起きて日本が勝った。日本はアフリカと違って鉄砲もたくさんあるし、武士は戦争が強いから負けないと思う」

「日本のキリシタンから情報を得て、海軍を強くして勝った」

「これは元が攻めてきたときと同じだから、みんなで団結して戦って、スペインを追い払ったと思う」

『実はこの戦争は起きませんでした。スペイン艦隊は攻めてこなかったからです。』

　この場面でちょっと忘れがたいハプニングが起こった。

「スペインの王様が死んじゃったんだ！」という子供の軽口が飛んだのである。私は思わず『その通り！』と応えていた。

　まさかという感じで子供たちも反応した。

「ええー？」

『それだけではありません。その五日後に秀吉も亡くなりました』

　今度は教室中がふるえるような声だった。

「ええー！」

　両方のトップがほとんど一緒に死んでしまって今日の話は一段落です。

　つけ加えると、当時の日本は鉄砲を国産できるようになっていて、鉄砲の数ではスペインを上回っていたらしいのです。無敵艦隊が来なかったのは、日本の軍事力が強く、アフリカやアメリカのようにはいかないと考えたためだったのでしょう。

当時世界を支配していたヨーロッパ人（スペインやポルトガル）とどうつきあうかという大問題は、こうして次のリーダーである徳川家康にバトンタッチされました。

次の時間は、秀吉のバトンを受けついだ徳川幕府がこの大問題にどう取り組んだかを、みんなで考えることにしましょう。

## ◆授業の実際②

### 一　西洋とつきあうためのルール

これは徳川家康と家光の肖像画です。今からちょうど四百年前、一六〇三年に江戸幕府ができました。関ヶ原の戦いで豊臣方に勝利した徳川家康が、全国の諸大名を一つにまとめて政府をつくったのです。江戸幕府です。織田信長、豊臣秀吉と引きつがれた天下統一の大事業が、ここにようやく実りました。

家康もまた源頼朝以来の武士の政府の伝統を守り、朝廷から征夷大将軍に任命されて、正式に日本の政治のリーダーになりました。それが、一六〇三年二月のことです。

朝廷（天皇）が日本をまとめる中心であり、武士はその命令を受けて政治を進めるという国のかたちの伝統が受けつがれたのです。家康が江戸幕府を開き、それを受けついだ三代将軍家光が江戸幕府を完成させたと言われています。

さて、今日は、この江戸幕府が、家康から家光の時代にかけて、ヨーロッパとのつきあい方をどうしていったかという問題を考えましょう。

【徳川家康像】

【徳川家光像】

『この時間の学習課題はこうです』

西洋の国とどうつきあっていくのか？　そのためのルールを考えよう。

『この問題を考えるために、まず秀吉が知らなかった三つの新しい情報を教えておきます』

①新しく力をつけてきたオランダという国から手紙が届いた

《オランダもスペインと同じようにヨーロッパのキリスト教の国ですが、私たちは、日本ではキリスト教を広める活動はやりません。

私たちの願いは、貿易によって日本とオランダがともに豊かになることです。これからは、スペインとは手を切って、オランダと貿易しましょう》

②キリシタン大名の危険

スペインと貿易している九州などの大名が、貿易の利益で力をつけてきた。もし彼らが幕府よりも強くなると、反乱が起き、天下は再び乱れるかもしれない。

③一六三七年に島原の乱が起きた

これは、キリシタンを含む四万人の民衆や浪人たちの反乱であった。死んでも神の国へ行けると信じるキリシタンたちの力は強く、反乱をしずめるのに一年もかかってしまった。

『この新しい三つの情報をよく読んで、みなさんが徳川幕府のリーダーだったら、どんなルールをうち立てるかを考えてみてください。貿易とキリスト教の二つの面から、ヨーロッパとつきあうためのルールを考えてノートに書きましょう』

ここで一人が質問に立った。

「先生、踏み絵ってこの頃のことですか？」

『そうですが、今日の問題は歴史の事実を当てるクイズではありません。あなたが、天下を統一したリーダーだったらどうするかを考えてみてください。考える材料は、前の時間の秀吉の勉強と、ここに書いた三つの新しい情報です』

## 二　ルールを考えた子供たち

『ノートに書いたことを発表しましょう』

「これからはキリスト教と関係のない国とだけ貿易をしていけばいい」

『これまで通り、中国や朝鮮とだけつきあうということかな？』

「ヨーロッパでも、オランダはキリスト教を布教しないからいいと思う」

「大名の貿易には、物の制限をすればいいと思う」

『たとえば？』

「たとえば外国製の武器など危険な物は日本に入れさせないようにする」

「他の大名は幕府の許しを得ないで貿易してはいけないようにする。またヨーロッパの国も将軍の許しを得ないで他の大名と貿易してはいけないことにする。そうすれば力をつけて戦争を起こす大名はいなくなり、平和が守れると思う」

「キリスト教を広めて日本を乗っ取ろうとする国との貿易はやめた方がいい」

「スペインはあまりつきあいすぎると危険が多いから、一ヶ月に一回とか、貿易を制限したらいい」

「キリシタンは、スペインとかキリスト教の国に追放した方がいい」

「ぼくは追放ではなく両方ありにする。だけど、これ以上キリスト教を広めるのはやめさせて、秀吉のつくった法律をまたやるようにすればいい」

「つけたすんですけど、こんど島原の乱のような大反乱が起きたら、キリスト教を禁止すればいい」

「似てるんだけど、そうなったらきつい罰を与えて、二度と起きないようにする」

ごらんのように、貿易問題とキリスト教問題を、前の三つの情報とからませながらいっぺんに出してくる。言いたいことがある子供たちがたくさんいて、とにかく書いたことは発言したいのである。その意欲を大切にしすぎると、雑然とした言い合いが続くことになる。主な論点が出そろったところで、教師が論点を整理していくのである。

『キリスト教は入れないという意見が多いのですが、みなそうですか？』

「ぼくは、反対です。やっぱりキリスト教も含めてヨーロッパとのつきあいは深めていった方がいいと思う。日本を発展させるには、外国とのつきあいは大事だから。聖徳太子もそう考えた」

「でも、世界を支配しようとしたりする国は危険だと思う」

こうして、最初の意見の対立が鮮明になった。ここから議論が始まる。

「だから、つきあいながら、軍隊はいつも強くしておいて備えておくようにすればいいと思う。もしそういうふうなら戦うようにすればいい」

「キリスト教は信じてもいいと思う。ただ、反乱を起こすことはダメにする」

この授業では必ず最後まで「できるだけ寛容に」というグループが成立する。主張の内容を見ると、それが日本の安全保障問題であることは理解している。それでも、なるべく自由にしておいて、しかも平和な秩序は守りたいのである。

「そういうやさしい気持ちはいいんだけど、ぼくは前の時間のスペインの計画がすごく気になっていて、あのときあの王様（フェリペ二世）が死ななかったら、戦争になっていたかもしれないじゃないですか。だから、キリスト教にはもっと警戒しておいた方がいいと思う」

「ぼくも似ていて、いったんはやさしい気持ちでキリスト教を受け入れても、また反乱が起きてしまうと、殺し合いになったりして、もっとかわいそうだから、最初からキリスト教を受け入れない方が、この場合は日本にとっていいと思います」

寛容派を「やさしい気持ち」と呼んだのは絶妙だった。甘くしておいてあとで悲惨なことになるよりも、始めから厳しくした方がいい。その方が平和と秩序が守れるというわけである。

この対立は、秩序を守るためにどうするかという話だ。小は学級や学校の秩序から、大は国家・国際社会の秩序まで、ここで行われている議論はどこにでもある。

が、子供たちからは、こんなふうに悩んでいるのはそもそも「キリスト教の側が寛容ではないからだ」という反論はついに出てこなかった。

「キリスト教を受け入れておけば、その人たちを通して外国の情報とかも知れるから、役に立つと思います。少しはキリシタンを残しておいて、スペインなどの情報が入って来るようにしておく」

「ヨーロッパの情報って何ですか？」

「それは、攻めて来そうだとか、いつごろ来るとかそういうことです」

「思うんですけど、新しい情報の①にあることで、オランダとなら貿易だけできるし、情報も入って来るんじゃないですか？」

「（ああ、うんうん）それはわかりました」

『かなり対立が見えてきましたね。ここで、まずキリスト教について、みんなの意見を調べておきましょう』

二つの選択肢に手を挙げさせて意見の分布を確かめてみると、次のようになった。
・キリスト教を受け入れてもいい（ただし神様も仏様も守る）……九名
・キリスト教は絶対ダメ（現実はそんなに甘くない）…………………二十七名
『かなり意見の対立がはっきりしたね。友だちがどちらの立場かもわかりました』

「ぼくはやっぱりキリスト教はダメだと思います。スペインは信用できないし、ダブルで来られたら、せっかくまとまった江戸幕府が危なくなるんじゃないかと思います」

「ダブルって、どういうことですか？」

「軍隊が外から攻めて来て、国の中からも反乱が起きるということです。それでとにかく島原の乱も起きたし、危険があるとわかってるんだから、そうなったらせっかく平和になってまとまった日本がまたバラバラになるかもしれないから、キリスト教はダメだと思います」

この意見が一番説得力があったようだが、子供は一度決めた自分の考えをなかなか変えようとはしない。

「反乱が起こるかもしれないけど、それにはしっかり備えておけばいい」

『お互いに説得されそうもないね。でも、スペインとキリスト教が幕府にとって危険だという考えは同じようです。危険だけれどなるべく自由にしておいて、いざという時はビシッと守ればいいんだという意見と、危険がわかっているなら始めからそれを避けた方がいい、厳しくした方がいいという意見の対立ですね。では、次に貿易について考えていきましょう』

・ヨーロッパとの貿易はやめる……………二名

・ヨーロッパとの貿易は続ける………三十四名

まず少数派の意見を聞こう。二人は次のように話した。

「キリスト教を入れても、貿易が原因で戦争になったり問題が起きたりするかもしれないから、もう日本は日本だけでやりたい」

「貿易と一緒にキリスト教が入ってきたんだから、両方やめた方がいい」

この二人は、オランダの登場という新しい条件があまり視野に入っていないのかもしれない。が、ごちゃごちゃするくらいなら「もう日本は日本だけでやりたい」という考えもよくわかる。戦国時代の学習で、周囲が合戦の史実を楽しんでいる中、「どうして戦争ばかりするのか」とつらい思いをしていた子供である。「戦わなければ天下を統一できない」「日本をもう一度まとめるためだ」という意見も耳に入らない。人間が血を流して戦い続けてきた事実を、その意味や価値も含めて受け入れたくないのである。鉄砲を持ってきたような国とつきあう必要はないという思いもあったようだ。学級という集団にとっては、貴重な、たった二名の奮闘であった。

『では、多数派の意見をどうぞ』

「貿易をして、いろいろ、外国の物とかをもらわなければ、日本は進歩しないと思う」

「一つにまとまった日本をもっとこれから進歩させるために、貿易は必要だから、やっていった方がいい」

「聖徳太子のときと同じで、新しい文化を取り入れていかなければ日本はずっと進歩しないと思うから、取り入れた方がいい」

「貿易で反乱が起きたりする例はないと思うので、貿易は続けた方がいいし、オランダはそうすると言ってるんだから、オランダと貿易すればいいんだと思います」

ここで、貿易廃止派の一人が反論に立った。

「別に西洋とつきあわなくても、中国や朝鮮と貿易をすればいいと思います」

「それだと今まで通りで、今ほしいのは西洋の文化とか物とかなんだから、それは意味がないと思います」

実は貿易推進論者の言う「日本の進歩」は、この時代の対西洋貿易ではあまり重要な論点とは思われない。産業革命以前の西洋なのである。それよりもむしろ、少し前のやりとりにあった情報の窓を開けておくという意味の方が大きかったのだろう。

ここで予想外の意見が出てくる。オランダだけに限らず、複数の国とつきあった方がいいという主張である。

「ぼくはみんなと少し違うんだけど、オランダだけじゃない方がいいと思う。スペインじゃダメだけど、オランダみたいにキリスト教を広めないヨーロッパの国があったら、その国とも貿易した方がいいと思う」

その理由は「どちらかの国ともめた時に、もう一つの国と組めるようにする」「貿易の利益も大きくなる」という二点だった。

これは教師の予想を超えた意見だった。イギリスの出島とオランダの出島の両方が並立している幻の風景が脳裏をよぎった。英蘭戦争など当時の状況を考えるとたぶんそれはあり得ないことだったろう。いやもしそんなことになれば、江戸の長い平和も幕末まではもたなかったに違いない。オランダ以外にどんな国があり得たかはわからない。具体性のない提案だったので、他の級友にはほとんど理解されなかったが、情報の窓を複数にしておくというまことに戦略的な発想であった。

『では、最後に、大名の貿易は幕府の許しを得て、というのと、大名の貿易には物の制限をする、という意見があったけど、これはどうしてかな？』

「だから、九州の大名とかが貿易で力をつけるということは、またそれが反乱とか起こして戦国時代みたいになるかもしれないじゃないですか。それを防ぐということです」

「江戸の近くに港をつくって、そこでだけ貿易をするようにして、他の大名には貿易をさせなければいいと思います」

『なるほどねえ。日本をまとめている江戸幕府だけが貿易するようにするという考えですね。その方が平和が守れるというわけだね』

今度は江戸湾に出現した幻の出島に驚かされた。だが、これをほめるのは最後のまとめの段階までとっておくことにしよう。

## 三　江戸幕府がつくったルール「鎖国」

『はい、話し合いはここまでとしましょう。たいへんよく考えました。では、実際に江戸幕府が考えた〈西洋とつきあうためのルール〉を教えましょう』

①日本は日本の神様と仏様の国でいい。キリスト教は禁止する。
②西洋との貿易はオランダに限る（中国・朝鮮とはこれまで通り）。
③外国との貿易は徳川幕府だけが行う。他の大名が勝手に外国とつきあうことは禁止。
④オランダとの貿易は九州の長崎につくる「出島」で、幕府だけが行う。

一条ずつ説明して子供たちの話し合いとつなげていった。長崎の出島は絵を見せて説明した。「江戸の近くに港を」と発言した子供は「私の考えと似ている」と満足そうにうなずいた。最後に次のような話で授業をしめくくることにしよう。

今日は、多くのみなさんが、江戸幕府のリーダーたちが実際につくった法律とほとんど同じルールを考えられたことにたいへん驚きました。④の出島は「江戸の近くに港をつくって」という意見とそっくりですね。どちらも、江戸幕府だけが日本を代表して、

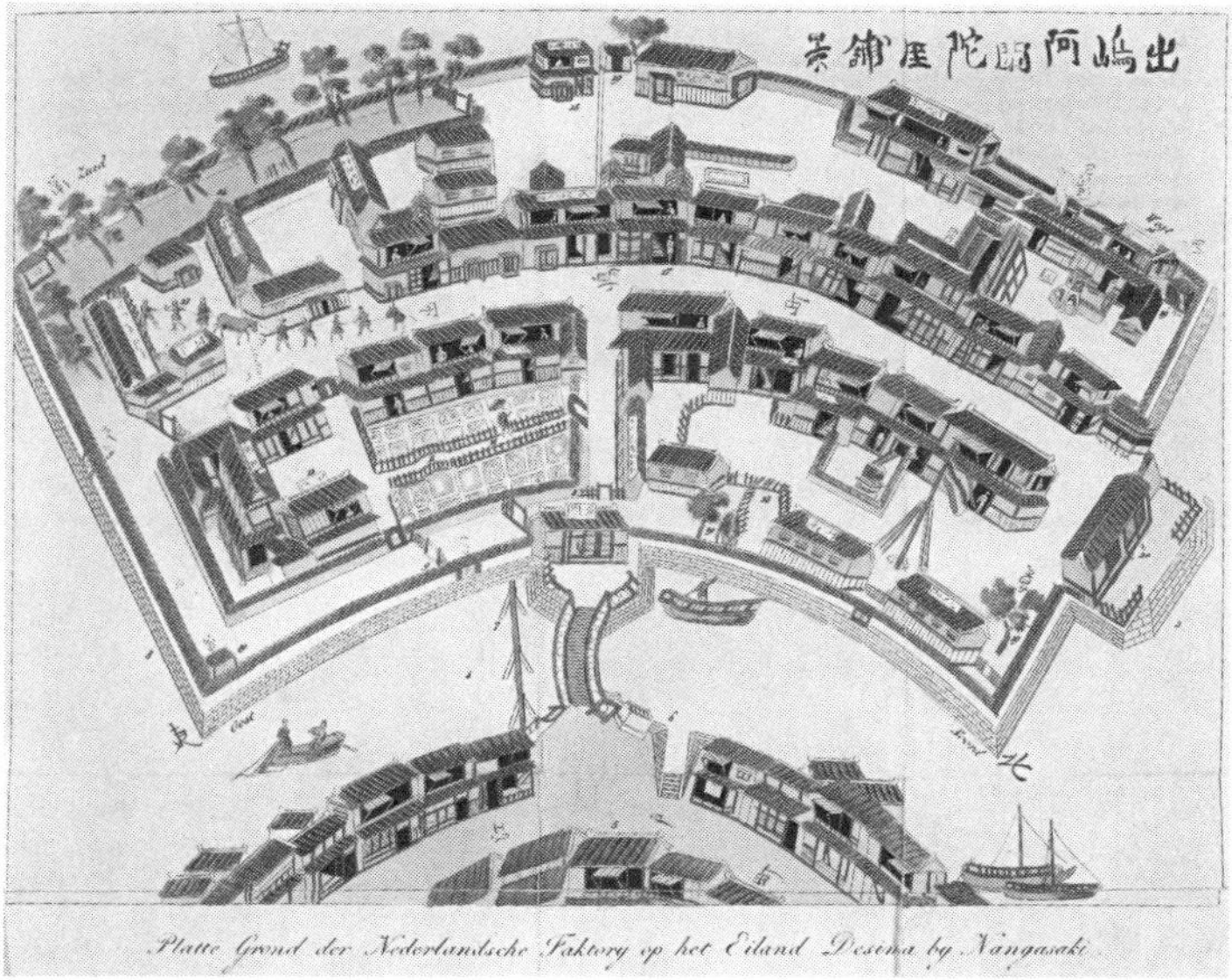


**【長崎の出島】**

オランダとの貿易をしっかり管理しようという考え方です。

日本人がヨーロッパと出合ってから、およそ百年。秀吉が悩み、家康と家光も悩んで、いろいろと問題もありましたが、結局こういうルールができたわけです。

このルールのことをふつう「鎖国」と言います。

長い鎖で日本列島を取り囲んで、国が閉じこもってしまったような言葉ですが、その真実は、みなさんが考えた通り、ヨーロッパとつきあいながら、日本の安全と平和を守るためのルールだったのです。

江戸幕府だけが貿易していたの

で、日本全体としては、ヨーロッパとの貿易が国づくりに大きな影響を与えたわけではありません。が、その結果、自給自足の産業が発達して、日本全体としては、貿易に頼らなくても自力で豊かに生きていける国になりました。

島原の乱の後は、大きな戦争も反乱もなくなり、二百数十年もの長い平和が続きました。いろいろな産業も発達し、五年生の時に勉強した世界に誇れる日本の伝統工業は、ほとんどがこの時代に生まれたものです。民衆の生活も豊かになり、それまでは貴族や武士だけの楽しみだった文化や芸術が、庶民のものになったのも江戸時代なのです。

江戸時代の日本は、世界の歴史のなかでもほとんど見られない長い平和時代でした。それは江戸幕府の政治が賢かったためだと言えるでしょう。

## ◆子供たちが学んだこと

■家康と家光のルールはとてもいい。とくに、オランダとつきあえるようになったのが良かった。キリスト教を広めない国だし、ヨーロッパの文化と情報もわかるから。

■このルールは良い考えだ。キリスト教は大きな反乱を起こした原因だから、禁止するのは同感だ。幕府だけが貿易するのもいい。やっぱり大名の力がバラバラになるとまた国が乱れるし、国をまとめる人たちが代表して貿易をするのがいいと思います。

■私が考えた「江戸の近くに港をつくろう」は、幕府の「長崎に出島をつくる」という考えとにていた。オランダ人は出島だけに入れるということは、本当に貿易だけのおつきあいで、とてもわかりやすく、平和な方法だと思った。幕府の考えに大賛成です。

■このルールはいい。キリスト教を取り入れると、今まで信じていた仏さまを捨てなければいけないからだ。貿易も信用できる国とするのはいいことだ。

■キリスト教禁止はいい。日本は神さまと仏様の国だから、神さまは一つだなんていう宗教はなくていい。大名に貿易させないのも正解だ。せっかく江戸幕府でまとまったのに、またごちゃごちゃするからだ。

■どこの国も自分の国の発達を願っているから、こういういろいろな問題も起きるんだ。このルールがぜったいいいかどうかわからないけど、秀吉みたいにはっきりしないよりはぜんぜんいい。

■キリスト教がこの時代にこんなに力を持っていたなんてびっくりした。今は信じる神様はなんだっていいからです。国が乱れると平和になるまでとても長い時間がかかるんだと、改めて思いました。

■全体的に見てちょっときびしいなと思った。とくに踏み絵がざんこくすぎる。ぼくは、ほかの大名にも月に一回くらいは貿易させてやっても、平和は守れると思った。

■キリスト教は絶対ダメというのはやっぱりおかしい。信じたい神さまがキリストならそれでいいと思った。反乱を起こしたり、日本の神を攻撃したりしなければ、信じるのはいいと思った。

# 第五章

明治の改革の授業

## 「廃藩置県に賛成か反対か」

――武士の自己犠牲で実現した統一国家日本

## ◆授業づくりの話

黒船来航から王政復古の大号令までの授業には、阿部正弘、吉田松陰、高杉晋作、坂本竜馬、勝海舟、徳川慶喜、木戸孝允、西郷隆盛、大久保利通など、きら星のごとき英雄たちが次々と登場する。幕末の史実をていねいに教えるのは、その後の変革の理由がすべてそこにあるからだ。幕末がわかれば明治がわかる。逆に、ペリー来航以後十数年の日本がわからなければ、明治の日本はわからないのである。

王政復古を教えた後、〈明治の国づくりの大方針を考える〉という授業をする。子供たちが明治政府の一員となって、どんな方針で国づくりを進めるべきかを考える学習である。このテーマで書かせてみれば、幕末の学習で何をどう理解できたのかが表れる。

子供たちが考えた「国づくりの大方針」は次の四つにまとめられた。

第一、西洋列強と対等につきあえる国をつくる。

第二、天皇中心に一つにまとまる国をつくる。

第三、西洋の学問や技術のすぐれたところに学び、日本の伝統文化も守る。

第四、西洋の大砲や軍艦をつくり、西洋に負けない強い軍隊をつくる。

八つの学習班に分かれてプランをつくり、共通するものを取り上げて検討するという授業である。時間が許せばもう少しふえるのだが、各班の方針案を多い順に検討していくと、明治の国づくりの重要な柱はほとんど立っていた。おそるべき子供たちである。

この他にも、「藩でバラバラになっている国を一つにまとめる」「身分ではなく、実力のある人をリーダーにする」「身分を平等にする」「工業を発展させる」「新しい国のきまりをつくる」などがあった。最後に、各自がノートに箇条書きした方針案を、坂本竜馬の「船中八策」や明治天皇の「五箇条の御誓文」と照らし合わせてみた。「似ている！」「あっ、これも同じだ！」という感動の声があがった。

授業後の感想文に、数人が聖徳太子の名を挙げていたこともうれしい成果だった。

■今日の授業では国づくりの大方針パート2をやった。パート1は聖徳太子のときだ。

■日本を西洋と対等にするためにやることは、聖徳太子の国づくりの方針とほとんどが似ていることに気づいた。やはり国が一つにまとまることが、いつの時代でも重要なのではないか。

■聖徳太子のときとほとんどいっしょだった。違うのは、相手が中国ではなく西洋だということと、今回はすごく武力の差があるということだ。だから、今回は今まででいちばん大きなピンチだと思う。いちばん真けんにならなくてはならない。

国の歩みの大きな流れをしっかりとつかみ、先人と共に考えていることがわかる。

明治の授業づくりは、これらの大方針の中から重要なものを一つ一つ取り上げていけばよいのである。

ここで紹介するのは、「天皇中心に一つにまとまる国をつくる」「藩でバラバラになっている国を一つにまとめる」という政策を考える授業である。

古代の国づくりで言えば、中大兄皇子の大化改新に当たる。古代では在地豪族の、近代では藩の「私」を廃して、国家という「公」を創出し、中央集権国家をつくり、封建制度を廃止するという大改革である。

教材は明治四年七月の廃藩置県。登場人物は大久保利通、西郷隆盛、木戸孝允の三人。

この授業も「仏教伝来」と同様の政策検討型の歴史授業である。授業づくりのポイントは、廃藩置県という政策を、賛成派と反対派の意見を通して示すことにある。

子供たちはまず、賛成派と反対派の両方の主張を読んで、政策の全体像をとらえる。

その上で、どちらかの立場を選んで自分を主張する。資料を検討して考え、意見を言い合いながらまた考える。このようにして、廃藩置県という史実が立体的に理解され、知識としても印象深く定着するのである。

さて、廃藩置県とはそもそも何のことか。詳細は「授業の実際」をごらんいただくとして、ここでは伊藤博文の言葉を示しておこう。廃藩置県が成功して数ヶ月後の十二月二十三日、アメリカ合衆国サンフランシスコ市で岩倉遣欧使節団の歓迎晩餐会が開かれた。その席上でスピーチに立った伊藤博文は、廃藩置県の成功をこう語ったのである。

「今日、わが日本の政府および国民の熱望していることは、欧米文明の最高点に達することであります。この目的のために、わが国ではすでに陸海軍、学校、教育の制度について欧米の方式を採用しており、貿易についても頓《とみ》に盛んになり、文明の知識は滔々《とうとう》と流入しつつあります」

「しかもわが国の進歩は物質文明だけではありません。国民の精神の進歩はさらに著しいものがあります。数百年来の封建制度は、一個の弾丸も放たれず、一滴の血も流されず、一年のうちに撤廃されました（廃藩置県のこと——筆者）。

このような大改革を、世界の歴史において、いずれの国が戦争なくして成しとげたでありましょうか。この驚くべき成果は、わが政府と国民との一致協力によって成就されたものであり、この一事をみても、わが国の精神的進歩が物質的進歩を凌駕するものであることがおわかりでしょう」

(泉三郎著『堂々たる日本人　知られざる岩倉使節団』祥伝社)

## ◆授業の実際

### 一　維新の三傑の不安

前の時間に「明治の国づくりの大方針」を考えました。みなさんは、明治天皇が神々に誓った「五箇条の御誓文」や、坂本竜馬が書いた「船中八策」とほとんど同じ考えを持てました。すばらしい内容でした。

これから、その国づくりの大方針に、明治維新のリーダーたちがどう取り組んでいったかを勉強していきます。今日はその第一歩です。

『この三人の人物が主人公です』

この三人はすでに、吉田松陰、高杉晋作、坂本竜馬などを学ぶ中で何度も出てきている。おなじみの顔ぶれだ。

『この三人のことを〈維新の三傑〉と言います。明治維新を成しとげた三人の英雄という意味です。確かに、この三人がリーダーシップをとって薩摩藩と長州藩を動かさなければ、明治の新しい国づくりは始まらなかったことでしょう』

今、二百六十年続いた徳川氏の政府が滅び、明治の新政府ができ、国の首都が東京に移り、明治天皇も江戸城に移ってこられました。最後まで江戸幕府を支持した東北諸藩との戦いも終わりました。

みなさんは、これで国が生まれ変わった、さあ新しい政治が始まるぞ、と期待に胸をふくらませていることでしょう。

【大久保利通】

【西郷隆盛】

【木戸孝允】

しかし、明治の三傑の思いはそうではありません。

「これはまだ形ばかりの政府だ。徳川幕府を倒しただけでは、国の大きな仕組みは何も変わってはいない。これでは新しい政治を始めることもできない」

三人はそう考えていたのです。

「できるだけ早く、国を一つにまとめなければならない」

それが今日のテーマである「廃藩置県」という政策です。前回の授業でみなさんの中から出ていた「天皇中心に一つにまとまる国」「藩でバラバラになっている国を一つにまとめる」という大改革のことです。

若い志士たちや木戸孝允がプランを立て、大久保利通が強いリーダーシップを発揮して実行し、西郷隆盛がうまくいかなかった時のために政府を守る一万人の軍隊を率いる、という文字通り維新の三傑の共同作業でした。幕府を倒すために協力し合ってきた三人が、今度は、新しい政府のリーダーとして決断したのです。

しかし、三人はその時とてつもない不安の中にいました。

それは徳川幕府を倒す戦いを進めている時よりもはるかに大きい不安でした。

今度は、数百年続いた武士の国という、日本の国の仕組みをぶち壊して、新しく国民の国につくり直すという大事業です。徳川という一つの敵が相手だったこれまでとは違って、へたをすると、全国の藩の大名とその家来たちすべてを敵に回すことになるかもしれないのです。しかし、古い日本のままでは「西洋と対等につきあえる国」はつくれそうもありません。

「いちかばちか、やるしかない」

それが、この時の三人の正直な気持ちでした。

『さて、どうなることでしょう』

## 二　廃藩置県についての意見

『これから、廃藩置県について、二人のリーダーの意見を読んでみます』

リーダーAは、明治政府の計画に賛成の主張をしています。いわば維新の三傑の宣伝係です。リーダーBは、廃藩置県は日本のためにならないという反対意見です。

今日みなさんは、先祖代々武士の家に生まれた若者になって、この討論に参加することにしましょう。

『資料をしっかり読んで、どちらの意見に賛成か、自分の考えを決めてください』

**【リーダーAの意見】今すぐ廃藩置県をやりましょう**

徳川幕府が終わり、明治政府ができたのに、新しい政治が行えないのはなぜでしょうか？

それはいまだに二百六十もの藩がそのまま残っているからです。これは、日本が二百六十の小国に分かれた、バラバラ状態だということです。

藩にはそれぞれ殿様（大名）がいて、その殿様の家来である武士がいます。こうして明治政府ができた今も、彼らは、自分の藩の政治は自分たちで進めるのだと考えています。

彼らが「わが国は……」という時、その国は「日本」であるよりも前に、自分の藩のことなのです。

そのために、政府の決めたことがなかなか全国にいきわたりません。せっかく明治政府ができたのに、日本がまとまって新しい国づくりを進められないのはそのためです。

また、税金も江戸時代と同じで藩が集めています。それらのほとんどは、武士の給料になってしまいます。そのため、明治政府の金庫はからっぽです。

政府にお金がなくては、新しい政治を始められるわけがありません。このままでは、明治政府とは名ばかりで、「西洋と対等につきあえる国づくり」は一歩も前に進めないのです。

今こそ、全国の藩をやめて、日本は本当の意味で一つにまとまるべきです。

そして、日本を新しく県に分け、県のリーダー（県知事）には政府の役人を派遣します。こうして、税金が政府に集まる仕組みをつくるのです。

そうすれば、明治政府は国民の税金を使って新しい政治が行えます。政府が決めたことも、すぐに全国で一斉に実行できるようになるでしょう。

今すぐ廃藩置県をやり、明治政府の強いリーダーシップで日本全体を引っ張っていけるようにすべきです。それをためらっていたら、日本は滅びてしまうでしょう。


**【リーダーBの意見】廃藩置県には反対です**

廃藩置県には反対です。なぜかといえば、これをやると、武士（サムライ）の仕事はなくなり、武士はみんな失業してしまうからです。二百六十人の藩の殿様もいらなくなります。税金はみな政府に行ってしまい、彼らの給料が出なくなるからです。つまり、廃藩置県とは、武士の身分をいっぺんになくしてしまうという、おそろしい計画なのです。

徳川幕府を倒して天皇中心の明治政府をつくるために、多くの武士が働きました。武士たちが、命がけで働き、戦ってくれたおかげで、私たちの明治政府ができたのです。私たちの考えに賛成して一生懸命戦ってきた武士たちを、やりとげたとたんにクビにするなんて、あんまりひどすぎます。そんなことで、日本が立派な国になれるとは思えません。

私たちの目標は、何よりもまず、日本を西洋に負けない強い国にすることです。そのためにも武士は必要です。

第一に、武士は戦いの専門家です。戦いの技術を持ち、作戦もわかります。

第二に、武士たちには、国のために命をかけるという道徳があり、それをやりとげる勇気もあります。

何百年も戦いとは縁がなかったふつうの国民に、それを求めるのは無理というものでしょう。武士こそ日本の国を守る一番大事な力なのです。

それだけではありません。いま無理して武士をクビにすれば、必ず全国の武士は立ち上がってまた戦争になるでしょう。そんなことになれば、今度こそ本当に国はバラバラになり、きっと日本は滅びてしまうでしょう。

資料を読んだ後、子供たちの意見分布は次のようになった。

Ａ　賛成派……二十五名

Ｂ　反対派………十二名

まず、少数派のＢの立場から発言していった。論点はおよそ三つである。

第一は、手柄のあった人たちを、成功したとたんにクビにするのはおかしいというものだ。確かに、こんなひどい話は世界の歴史にも例がない。

「命がけで明治維新をやりとげたのに、いきなりクビにするのはひどいと思うからです」

「武士が生活ができなくなるのはおかしいと思います。ペリーが来てからめちゃくちゃになっていた日本をつくり直すためにいちばん働いたのは武士の人たちだからです。それに、これからも武士がリーダーになるのがいいと思います」

「徳川幕府を倒すことに武士たちが賛成して、戦ってきて、明治政府をつくったのは武士たちだから、それをクビにするのはあんまりひどいと思いました」

第二は、今内乱が起きて、国内戦争が再開すれば、今度こそ日本は危ういという意見である。

「いま、無理に武士をクビにしたら、ぜったいに武士はだまっていないと思います。私だったらぜったいに反乱を起こすと思います。そんな戦争が起きては困るので、廃藩置県には反対です」

「せっかく全国の武士が、やりとげたぞ、やったーって喜んでいるときに、いきなりクビにするのはすごく残酷だと思います。さらに、いま戦争になっちゃったら日本は滅びるから。やめておいた方がいいです」

「廃藩置県をしたら、全国の武士が明治政府に戦争をしかけてくると思います。そんなことになったら、できたばかりの明治政府はもたないと思います。いままで味方だった武士たちが敵になったら、日本は滅びてしまうかもしれません。だから私は反対です」

「日本の中で意見が分かれていて、戦争になるかもしれないとすると、いま急いでやるのは危険だと感じました。西洋と対等な国になることが目的なのだから、国がばらばらになって争うことはもうやめるべきだと思います」

第三は、西洋に立ち向かおうという時に、戦いのプロ集団をやめさせてどうするんだという意見である。

「日本は今、西洋に負けない強い国をつくろうとしています。それなのに、戦うためにある武士をなくすのはおかしいです。戦う専門家がいなくなったら、西洋に攻められたときに負けちゃうから、ほんとに日本が滅びると思いました」

これで反対派の発言が終わった。

『だいたい三つの理由ですね』と論点を整理した。

①手柄のあった武士がかわいそうだ。②国内戦争は危険である。③戦いのプロ集団は必要。子供たちが、資料をしっかり読み取っていることがわかる。

『では次に、賛成派の意見を聞いてみましょう』

第一は、やはり財源確保論である。

「税金が藩に集まってしまって、明治政府にはお金がないというのが決定的にダメだと思いました。これから、前に話し合った目標に向かっていろんな政治をしなくちゃいけないのに、世の中お金がなくちゃ何もできません。明治政府が国づくりをできないのはまずいので、賛成にしました」

「このまま廃藩置県をやらないで、税金が国に集まらないなら、近代国家になって西洋と対等につきあうなんて夢のまた夢だと思います。つらいこともがまんしないと、こんどのピンチは乗り切れないと思いました」

第二は中央集権型の統一国家論である。

「ここで戦争になってみんながバラバラになっては危ないと言ったけど、いま何もしないでも二百六十の藩に分かれてしまっていて、それは二百六十の小さな国に日本がバラバラになってるのといっしょなんだから、まず一つの国としてまとまることが大事だと思います。日本はこれから軍隊を強くしていかなくてはいけないんだから、武士は兵として働くようにすればいいと思いました」

「藩があって、藩の政治は殿様とその家来がやるんだとしたら、明治政府の決めたことが全国で進められないと思います。Ｂでは明治の新しい政治ができないんだから、ダメです。ただ私も武士はかわいそうなので、全国の武士を国の軍隊としてあつめて働くようにしたらいいと思いました」

賛成派の主張はこの二点にしぼられる。が、これらの意見にも見えるように、賛成派の多くも武士に対する思いはそれなりに切実である。この政策の非情さがわかるだけに、反対派への反論のかたちで、こうすれば武士をやめても大丈夫だという失業対策や、つらいけれども我慢だという精神論をつけ加える意見が多い。

しばらく彼らの発言に耳を傾けてみよう。

「もし廃藩置県をやらないと、明治政府の金庫は空っぽで政治ができません。廃藩置県をやれば国は一つにまとまって税金が明治政府に集まり、国づくりができます。藩をなくせば武士がなくなるんだとしたら、それはしょうがないんだし、武士はこれから富国強兵の強兵になって国の役に立てばいいと思います」

「Bの人たちは武士がかわいそうということだと思うけど、もし廃藩置県をやらなければいつまでたっても西洋に追いつけないんだから、あきらめてほしいです。リストラでかわいそうというけど、かわいそうかわいそうと言ってたら歴史は前に進めないと思いました。武士の反乱も必ずあるというわけではないし、武士はそれなりにどこかで活躍してもらえばいいと思います」

「武士はいったん藩からクビになって、それから明治政府が雇えばいい。県の役人とか兵隊など仕事はあると思う」

「Bの人は武士のことを中心に考えているけど、四民平等で、これからは身分の違いもなくなってふつうの人が中心になるんだから、もう武士はいらなくなるんだと思いました」

国家の目標はいわゆる階級の利害に優先すべきだというような主張など、資料の内容を超えた判断も見られる。最後に、次のような「反乱はつぶせる」という意見が出た。

「反乱を恐れては何もできないし、もし反乱が起きても、明治政府は薩摩と長州と土佐が集まってできてるんだから、日本でいちばん強いし、反乱はつぶせると思います」

この意見は強力だった。たとえ反乱が起きても大丈夫なら、賛成派はそうとう強気になれる。こうして賛成派の発言が終わった。

その時、反対派の一人がこんなふうに話し出した。

「よくわからないことがあるのでいいですか？」

『どうぞ』

「二百六十の藩に分かれているというのは、お互いに戦争をして分かれているのですか？」

『いやそれは戦国時代の話ですね。江戸時代二百六十年は藩どうしの戦いは全くありませんでした。江戸幕府が強い権力で藩どうしの争いを許さなかったから、江戸時代の長い平和があったわけです。それぞれの藩には殿様がいて自分の藩の政治をやっている。徳川幕府は藩の政治は藩に任せて、外国とのつきあいのこととか、国内の平和な秩序が乱れないようにするとか、国全体のことを任されていたわけです』

「だったら、誰かが二百六十の藩に分かれていてどうしようもないみたいなことを言ったけど、全部の藩が集まろうとすればいつでも集まれるわけであって、いま国の中で戦争をすれば、集まれるものも集まれないわけだから、おかしいと思います。日本はいま一つにまとまることが大事なんで、戦争になったらまた戦国時代みたいにバラバラになるんだから、それだと、日本は西洋よりも弱い国になっちゃうんじゃないかなと思いました」

つまり反乱が起きて混乱する危険があるのなら、藩の地方自治はそのままにして、明治政府も江戸幕府のような連邦政府ではいけないのかという意見なのである。

あくまで比喩として言うのだが、Bを採用したのがイギリスではないだろうか。イギリスは王制も貴族制度も残して近代化を実現した。ゆっくり時間をかけて着実にやった。一方、フランスは、残虐なまでの大手術をやった。国王一家を殺し、反対派の市民や農民を虐殺し、伝統の制度の全体を暴力的に破壊し尽くそうとした。

日本の場合、天皇制度という伝統を重んじたことはイギリスと同じだが、武士階級はいっぺんに廃止するという決断をした。日本にゆっくり変わるゆとりがなかったのは、西洋列強の圧力によって強いられた近代化であったからである。

この宿命がわが国の歩みに影を落としているのは確かなことだ。例えば武士階級の廃止によって武士道が失われたために、統治者の質が急落していくという見方がある。もし、武士階級を残した、イギリス流の近代化が可能だったら、どんな日本であり得ただろうか。

子供たちの話し合いを聞きながら、私はそんなことを考えていた。

思ってもみなかった言い分に、今度は賛成派が頭をかかえる番だった。しかし、明治政府を連邦政府とする国家構想には誰も反論することができなかった。

『たいへんよい話し合いでした。資料をよく読んで自分なりの考えが持てましたね』

Aを選んだ人もBを選んだ人も、「西洋と対等につきあえる国をつくる」という目標は同じでした。

西洋列強がアジアに押し寄せてきて、日本は歴史始まって以来の大ピンチです。今やろうとしている廃藩置県は、人間で言えば心臓を丸ごと切り取って、別の心臓と入れ替えるくらいの大手術です。失敗したら、患者は死んでしまうかもしれない。でも、やらなければ病気は少しずつ悪くなる。どうしたらいいんだという悩みと似ています。

二百六十年平和が続き、それなりに立派な政治をしてきた各藩の大名と全国の武士をまるごとリストラして、藩をなくしてしまおうというわけです。今までリーダーだった人たち全員をクビにするという話ですからね。そう簡単にいくとは誰も思っていません。

西洋の国々の圧力の中で、日本は必死になって変わろうとしている。変わらなければ、彼らの植民地になってしまうかもしれない。なんとかして国をつくりかえて、西洋と対等になりたい。そのためにはこの大改革は避けられない。とにもかくにも、政府に税金が集まらないのでは話は始まらないだろう。これが賛成派の意見でした。

それに対して反対派の意見は、目標は同じだがもう少しゆっくりやりましょうということかもしれない。ドバーっと血が出るような大手術は避けて、薬でやりましょうという感じです。藩も残して、大名も武士も残して、徳川幕府と同じようなゆるやかな国のまとまり方でも、なんとか西洋に追いつけないかという気持ちです。

これはそうとう重大な別れ道でした。最後の将軍となった徳川慶喜はＢの可能性を求めて敗れていった一人です。しかし、維新の三傑は、今すぐ、断固とした決意を持って、廃藩置県を実行することを決断しました。

武士の反乱に備えて、薩摩・長州・土佐の武士たち一万人が集められ、西郷隆盛が指揮をとることになりました。三人はこの改革の「血も涙もない非情さ」をよくわかっていました。自分が逆の立場だったら必ず立つと考えたからこそ、反乱に備えて一万人もの兵力を集めたのです。

この廃藩置県こそが、明治維新の本番なのだと考えていたのです。

## 三　武士階級の自己犠牲

明治四年（一八七一年）七月十四日、明治天皇は廃藩置県の詔《みことのり》を発表されました。詔というのは、天皇陛下の名で発表された明治政府の命令のことです。この詔によって、明治の三傑の願いが高らかに宣言され実行に移されました。

思い切ってわかりやすく直すと、それは次のような意味の言葉でした。

**【廃藩置県の詔】**

この変革の時に、国の内では全国民の安全な暮らしを守り、国の外で西洋列強と対等につきあおうとすれば、政府の命令は全国に同じように行われなければならない。しかし、数百年の古い藩の仕組みがあるために、なかなか政治の実を上げることができない。これでは、とうてい新しい国づくりは前進できない。私はこのことをたいへん残念に思っていた。

今ここに、これまでの藩をすべて廃止して、県とすることにした。県ごとに政府の役人を派遣して、政府の方針通りの政治が全国で行われるようにするためである。どうか、努力して政治のむだをなくし、各地でばらばらな政治が行われるようなことがないようにしていただきたい。全国のリーダーたちは、これを進んで実行してほしい。

『心配されていた武士の反乱は、この時は全く起きませんでした』

「えー？」と、まさか信じられないという声があがった。

『諸藩の大名も武士たちも、黙ってこの大久保さん、木戸さん、西郷さんの政治を受け入れました。それはなぜだったのでしょう？』

ここで、一つの解釈として、次の資料を読むことにした。


**【廃藩置県に驚いたアメリカ人・グリフィス】**


当時、日本にいた外国人たちは、こう言ってたいへん驚いたそうです。

「ヨーロッパの国で日本の廃藩置県のようなことをしたら、血で血をあらう国内戦争が起きるだろう。それまで数百年もの間、さまざまな特権を持ち民衆を支配してきた人々が、自分から進んでその身分を捨ててしまうということはあり得ないからだ。なぜ、こんな大胆な改革が、日本では平和のうちに行われたのか。まことに不思議である」

それは、多くの武士たちが、今の日本になぜ廃藩置県が必要なのかをよく理解していたからではないかと考えられています。武士たちの多くは、自分たちの特権やリーダーとしての身分を捨ててでも、日本という国全体を救わなければならないと考えたのです。

その実例を一つ見ておくことにしましょう。

このころ、今の福井県に、若い武士たちを教えていたグリフィスというアメリカ人の先生がいました。

廃藩置県が行われた時、ある若い武士がグリフィスに次のように話したそうです。

「これで日本も、あなたの国やイギリスのような国の仲間入りができるでしょう。必ず日本はそうなりますよ」

彼もまた、たとえ自分の身分と仕事がなくなっても、国を一つの政府にまとめ、国づくりのための税金を政府に集めなければ、日本が独立した国として生き残ることはできないと考えていたのです。

グリフィスは生徒たちにこう話しました。

「君たちの国日本は、一滴の血も流さずに廃藩置県という大改革をなしとげました。それは君たち武士が国のために自分を犠牲にしてもいいという立派な考えを実行したからです。これは、日本が世界に誇れることです」

『こうして、藩は廃止されて、日本は明治政府のもとに一つにまとまり、政府の命令が全国で一斉に行える仕組みができました。税金も明治政府に集まり、大きな政治が行えるようになりました』

しかし、藩をなくすことは武士という身分をなくすことでもありました。徳川二百六十年、鎌倉時代からならおよそ千年、多くの特権を持っていた武士というグループが消えてなくなりました。武士たちは、農民や町人と同じ立場になりました。日本人の中に身分の上下がなくなり、すべての国民が平等な近代国民国家が誕生したのです。

ただ、みなさんが一番心配していた武士の給料ですが、武士が自立できるまでの当分の間、明治政府から出すことにしました。生活の補償はしていくことにしたのです。

さて、日本の武士には武士道という道徳がありました。それは藩や国の政治を任されているという誇りにもとづいた道徳です。

自分たちが、農民の税で暮らし、苗字を持ち、刀を差せるなど、たくさんの特権を持っているのは、リーダーとしての責任を命に替えても果たすという約束があるからだ。国のために命がけで責任を果たすのが武士なのだから、今国が生まれ変わるために武士がいらなくなるというのであれば、それに従うのが国のために生きる武士の務めである。

日本のサムライたちの多くが、このような責任感を持っていたからこそ、わが国は、この時代の厳しい運命を乗りこえていくことができたのだと思います。

こうして天皇を中心にすべての国民が平等に一つにまとまり、明治政府の下に県があるという国の大きな仕組みができあがりました。みなさんが考えた明治日本の目標が実現されていく土台ができたのです。

『しかし、当時の日本の国力では、「西洋と対等につきあえる国」という目標は、はるか彼方の夢のようなものでした。しばらくはまだ、明治の日本人の血のにじむような我慢と努力の歩みが続きます』

## ◆子供たちが学んだこと

■また今日もなやんだ。これからの日本に大きく影響する問題だったから真剣に考えた。まず何を始めるのにも一つにまとまるのが大事だと思った。それぞれの藩がそれぞれの意見・考えを持ち、他の藩と話し合っていたらきりがない。日本という国を、外からも中からも良くするためには、まとまることが重要だったんじゃないかと思った。武士がリストラされてしまうのはかわいそうだけど、そんな個々の問題よりも、日本という大きなものの問題を解決するのが最優先だと思った。

■今日の授業はかなり頭をひねった。Aの考えもいいところがあるし、Bの考えにもいいところがあったので迷った。武士をクビにするのはかわいそうだし、廃藩置県をやらないとどうなるのだろうと思った。結局、廃藩置県は行われた。でも、やらないで武士をクビにしなかったらどんな日本になっていたのだろう。西洋の植民地だったのか。それがわからない。明治はおもしろいなと今日の授業でますます思えてきた。

■この授業は、今までは絶対にありえないぐらい平和に終わった大問題だった。みんなの考えがまとまらないかぎり、絶対にできないと思った。たぶん武士たちも、ここでバラバラになったら、西洋に支配されてしまうとわかったのだろう。廃藩置県で武士たちを失業させてしまったのだから、絶対に西洋には支配されないでほしいと思った。

■私はBを選んだ。なぜかというと、戦争になってしまうかもしれないからだ。だけど、日本の武士たちはちがった。日本が西洋と対等につきあえるなら、と言ってやめていった。これは、徳川幕府がほとんど戦わないでやめたのとよく似ていた。武士とは、国のためなら何でもできる人たちのことだった。私は日本の武士を誇りに思えた。

■廃藩置県をやるかやらないか。じっさい今、県があるのだから、やるとは思っていたものの、武士が活躍して日本が変われたのに、こんどは一つにまとまるから武士はもういらないなんて、あまりに勝手すぎると思ったから、私はBにした。しかし、武士もえらくて、国のためなら自分がリストラされてもいいなんて、本当におどろいた。こうやって今の日本ができていくんだなあと思っていた。この武士の中に、私のご先祖様はいるのかなあと、授業中ずっと思っていた。

■私は賛成しました。このままずっと藩のままでいくと、新しい国の政治ができないからです。でも、武士をクビにしないでそれができないのかと、ずっと考えていました。活躍した武士は国の軍隊に入れる、その他の武士は商人などになればいいのではないかと考えました。アメリカのグリフィスの話を聞いていると、日本は一つにまとまる面（団結する）では西洋よりも上だなと思いました。

■廃藩置県がいやなのは武士、喜ぶのは平民だ。武士よりも平民のほうが多いのだから、多数決で決めたらきっと廃藩置県をすることになるだろう。だからといって、今日から殿様も武士もお給料なしっていうのもちょっとひどい。ここが難しかった。しばらく政府から給料が出ると知って安心できた。このことに成功すれば、日本はより近代国家に近づくと思う。

■今日の授業もむずかしかった。最近討論をやる際に、日本が選んだ道とは反対の考えを選んでしまうことが多い。どうしてなのかはわからない。でも、自分の考えをしっかりもって発表できたし、役に立てたと思う。

ペリーが来てからずっと、本当にまた聖徳太子や中大兄皇子の時代にもどったようだ。天皇中心に一つにまとまる、外国の文化を学ぶ、強い国と対等になるなど全く同じだ。ぼくたちは授業で、太子たちがどんな方針で国づくりをしたか知っていたけど、木戸・西郷・大久保は知らないはずなのに、同じことを考え、同じことをやろうとする。これはすごいことだと思った。

# 第六章

昭和の戦争の授業

## 「東京裁判について考える」

——戦争の勝者が敗者を裁いた

## ◆授業づくりの話

東京裁判の授業は、私の授業計画の中で、昭和の戦争時代の学習と戦後の被占領時代の学習とをつなぐ位置にある。

検察側と弁護側の意見を通して、子供たちは日本が戦った戦争をもう一度とらえなおす。それが言論による戦争の継続でもあったからである。その意味では、この授業は昭和の戦争時代のまとめの学習になる。

一方、子供たちはこの授業を通して「どうしてこんな不公平な裁判が行われたのか？」という疑問を持つ。その疑問は被占領時代の学習の入り口になる。軍事力によって日本が支配されているという状況が、戦後のさまざまな事象を説明することになるからである。その意味では、この授業は戦後時代の導入の学習になる。

私は昭和の戦争が「善玉連合国と悪玉日本との戦いだった」と教えることはしない。史実にもとづいて、日本が置かれた困難な状況をつかみ、先人の苦悩と迷いと決断を考え、戦争の悲惨な諸事実とそこにさえあった人間的な真実を追い、そしてある場合にはリーダーたちの誤りを検討する。そんな授業を探求している。つまり歴史を教えたいのである。

同じように、「戦前の日本はならず者の国であり、戦後の日本は自由と民主主義の国になった」と教えることもしない。

両方とも、占領軍が、占領という作戦を遂行するためのプロパガンダ（情報宣伝）であると自覚した上で、日本および日本人に強いた歴史観だからだ。東京裁判はこの歴史観を宣伝するための一大イベントでもあった。

一例に「戦後日本は自由と民主主義の国になった」という話を検討してみよう。その時日本国民は、自らの政府と法を超越した占領軍の権力によって支配されていたのである。その権力は、国民が選挙で選んだ首相を追放できたし、自分で書いた憲法を日本政府に押しつけることもできたし、さらにその憲法さえ無視することもできたのである。民主主義とは法の支配であり、超法規的な権力とは相容れないはずである。つまり、被占領時代の日本には民主主義はなかったのである。

また、当時の日本には言論・表現の自由がなかった。占領軍の検閲と情報統制はマスメディアはおろか私信にまで及んでいたからである。言論の自由こそ自由主義の原点ではないだろうか。ならば、この時代の日本には真の自由もなかったのである。

アメリカ軍の統治下にあった六年九ヶ月は、歴史上初めてわが国が異民族によって支配された時代である。なるほど当時ソ連に支配された東欧諸国の苦難を思えば、よほど光に満ちた時代であったことだろう。しかし、たとえそうだったとしても日本人の多くは自らの尊厳を傷つけられていたのである。そうでなければ、再び独立国になることもやめていただろう。建国以来の歩みをたどれば、長い年表のそこだけが朱に塗られていてもいいくらいの特異な時代なのだ。それが被占領時代の教育内容の核心である。占領軍統治下の歴史の光と影のすべては、その真実の上にあったととらえるべきなのである。

国際法学者の佐藤和男氏はいう。

（ミズーリ艦上の）降伏文書は実質的には「休戦協定」に相当し、以後、サンフランシスコ対日平和条約が発効して「平和状態」が回復される昭和二十七年四月二十八日に至るまでの期間は、国際法の観点から見れば依然として「戦争状態」が続いていたのであり―国際法では「戦争」は特定の法的状態とされる―、この間に連合国占領軍が実施した数々の占領行政措置は、東京裁判を含めて戦争行為（軍事行動）としてのものであった事実を確認することが重要である。

（勝田吉太郎編『日本は侵略国家ではない』善本社）

被占領時代の光と影のすべてをこのような筋の通った見方をもとに物語る歴史書を、わが国はまだ持ち得ていない。今もなお、私たち自身が被占領時代に強いられた歴史観を克服できていないからである。もしそれができれば、私たちは昭和の歴史の全貌を、日本人の立場から等身大に物語れるようになるだろう。それができないのなら、本当は、私たちの歴史教育も完結できないはずなのである。

## ◆授業の実際

### 一　東京裁判の基礎知識

この授業の教材である東京裁判は、昭和二十一年（一九四六年）五月三日に開廷し、昭和二十三年（一九四八年）十一月十二日に判決が出された。法廷は東京都新宿区市ヶ谷台の旧陸軍士官学校であった。現在の防衛庁である。

子供たちは一枚の白黒写真によってこの史実の世界に入っていく。写真には東京裁判の法廷が写っている。この写真から授業のタイトルを引き出したいのである。

『気がついたこと、わかったこと、こうじゃないかと考えること、ありますか？』

「兵隊さんがいっぱいいる」

「アメリカ人や外国の人がたくさんいる」

【東京裁判の法廷風景】

「兵隊さんが日本人ではないみたいだ」

「何かの会議をしているんじゃないかなと思った」

「日本に原爆を落とされたから、それの裁判をしているのだと思う」

いきなり「裁判」という推理が出てきた。もちろん、小学生が東京裁判を知るよしはない。前時に戦争の勉強が終わったことや、場面の人物の配置などから考えているのである。

「左側に世界のいろいろな国の旗がある」

「もう戦争をやめようという会議をしているのではないか」

外国人、国旗の列等々、子供たちは国際会議のようなイメージをつかんだようだ。その多くが、学習してきた戦争とのつながりを考えている。「裁判」と「戦争」というキーワードが出てきたところで、写真の読みとりは終える。

『これは、わが国がアメリカを始めとする連合国との戦争に負けた半年後の写真です。場所は東京。日本が戦争に負け、アメリカの軍隊が日本に入ってきて、日本は占領されました。その東京で行われたある裁判の写真です。M君の推理が的中しました。その裁判の名前を書きます』

黒板に東京裁判と書く。子供たちがノートにタイトルを書いたことを確かめてから、声を揃えて「東京裁判」と言わせた。歴史上の重要な用語などは、このように一斉に声に出して言わせることが多い。『漢字で三回書きなさい』のように書き取りの練習をさせることもある。歴史は年代や用語を覚えることが勉強ではないが、その言葉を知らなければ考えることも共感することもできないというキーワードがある。それは必要な手だてを講じて覚えさせなければならない。

『正式には極東国際軍事裁判と言います。ふだんは東京裁判と呼ばれることが多いので、私たちも東京裁判と言うことにします』

こうして今日の主題を引き出した。次は裁判の基礎知識を獲得させよう。

『では次に、裁判とは何かを確かめておきましょう。裁判には四種類の人が必要です。ど

【清瀬一郎】

【東条英機】

ういう人がいるかわかりますか？』

テレビドラマやニュースで裁判の場面を見たことがある子供は必ずいる。挙手した児童に発言させながら、次のように進めていった。

「まず、裁判を下す裁判官の人です」

『そうです。裁判官がいるね。有罪、無罪の判決を下す人です』

子供は「裁判を下す」のように、授業の中で誤った言葉づかいをすることがある。その指導は状況によって異なる。ここは裁判を教えることが主眼ではないので、このようにさらっと言い換えて先に進む。

「被告人です」

『はい、被告人がいるね。あと二つです』

「弁護士」

『はい、弁護士ですね。ここでは弁護人として

【キーナン】

おきます』

「あと、警察です」

『そう、警察ね。警察が犯人を逮捕するのですが、裁判所で犯罪があったことを証明する人は、警察とは別の人です』

「検事？」

『そうです。検事です。ここでは検察官と呼ぶことにします。これで裁判に必要な四つの役割が全部揃いました』

今度は、東京裁判に具体化していく作業である。

『この裁判の被告は日本でした。（写真右奥を示しながら）ここが被告人の席です。近寄ってみるとわかりますが、被告席には日本人が並んでいます』

『これは被告人の一人、この間見せたビデオに出てきた東条英機です。真珠湾攻撃の時の総理大臣でしたね。被告は全部で二十八人。みな戦争中日本のリーダーだった人々です』

『では、弁護人はどういう人ですか？』

「検察官は〈この人はこういうことをした〉って言うけど、弁護士はそれに返して〈この人はこういうことはしていない〉って言います」

「はいそうですね。被告はこういうことはしていないと弁護するのが、弁護人の仕事です。弁護は主に日本人がやりました。これは、清瀬さんという主任弁護人です』

『次に、検察官はどんな人だったでしょう？　被告は、これこれこういう犯罪をやったと証明する人は？』

「むこうの、アメリカの軍隊のリーダーだと思います」

『そうです。アメリカを始めとして、戦争で日本に勝った連合国十一ヶ国の人々です。この人が、キーナンというアメリカ人の検察官代表です』

『十一人の検察官は、次の国々の代表でした』

アメリカ・イギリス・フランス・オランダ・ソ連・カナダ・オーストラリア・ニュージーランド・中国・インド・フィリピン

『ニュージーランドまでは白人の国ですが、残りの三つはアジア人の国です。中国とは日華事変から戦争が続いていました。インドはこの時まだイギリスの植民地でした。フィリピンはもうすぐ独立しますが、この時はまだアメリカの植民地でした。これらは連合国の仲間ということで、それぞれの国から一人ずつ検察官が出てきました』

『さて、最後は裁判官ですが、この裁判の裁判官が誰だったかは、ちょっと難しい。答えられないと思いますから、今はハテナ（？）として、次に進むことにしましょう』

裁判官が誰だったのかが、この授業づくりの一つのポイントである。これは授業の終末時まで子供たちには伏せておくことにした。この時点でわかってしまえば、どんな判決が出るかは子供にもわかる。そうなっては、この授業の中心の学習活動である「検察と弁護の弁論を聞いて感想を持つこと」自体が無駄なことに思えてくるだろう。

こうして黒板には次のような図が示された。

## 二　裁判で戦わされた主張

『今日は、みなさんをこの裁判所の傍聴席に連れて行きます』

実はこの裁判は判決が出るまで二年半もかかりました。昭和二十一年（一九四六年）の五月に始まって、判決が出たのは昭和二十三年（一九四八年）の十一月です。

二年と半年の間、この裁判所では延々と検察官と弁護人の対決が続きました。たくさんの証人が呼ばれ、膨大な文書が証拠として提出されました。裁判の判決は、この対決を公平に判断して決められるのですから、両方とも一歩も譲らない真剣な討論が続いたのです。

今日はみなさんにその対決を聞いてほしいのです。そして、今から約六十年前にこの裁判を見守っていた日本人、それはみなさんのお祖父さんお祖母さんであり、ひいお祖父さんやひいお祖母さんですが、そうしたこの裁判を目撃した日本人の孫たちとして、自分なりの意見や感想を持ってほしいのです。

そのために、私は検察官側と弁護人側の意見を要約したプリントをつくりました。

二年半の討論を数分の原稿にまとめてしまったのですから、正確とは言えません。足りないところはたくさんあります。でも、意見の中心は伝わるでしょう。

『これから私がそれを読みます。みなさんはプリントを見ながら、大事だと思うところをマークしながら読みましょう。まず〈検察側の意見〉を読みます。これはアメリカを中心とする連合国側の意見です。その次に〈弁護側の意見〉を読みます』

**検察側の意見（アメリカを中心とする連合国）**

**■被告は有罪だ**

日本は、太平洋戦争において、「平和に対する罪」と「戦争犯罪」を犯しました。したがって、当時日本の指導者だった被告たちは明らかに有罪です。

【平和に対する罪】

**①日本はアメリカを攻撃し、平和を破った**

一九四一年の十二月八日、日本海軍の航空部隊がいきなり、ハワイの真珠湾にあったアメリカ海軍基地を攻撃してきました。それは、ここにいる被告たちの命令でひき起こされたのです。日本が攻めてこなければこの戦争は起きていないのですから、この戦争の全責任が日本にあることは明らかです。

当時から世界の国々は、このような侵略戦争を禁止していました。日本はこの約束に違反して「平和に対する罪」を犯したのです。

しかも日本から「戦争を始める」という手紙が届いたのは、真珠湾攻撃が始まった後でした。われわれは、このようなひきょうな不意打ち攻撃を断じて許すことができません。

**②日本は中国を侵略した**

日本の平和に対する罪は、中国への侵略にも当てはまります。侵略とは、理由もなく一方的によその国に攻めこんで、そこを自分のものにしてしまうことです。満州事変も日中戦争も、日本の戦争はすべて自分勝手で強盗のような戦争でした。

**③日本は東南アジアにも侵略した**

さらに、日本は、イギリス・オランダ・アメリカの植民地だったビルマ・インドネシア・フィリピンなど、東南アジアにまで侵略してきました。そして、西洋諸国が築き上げてきたアジアの平和を破ったのです。それは、東南アジアにおける西洋諸国の正当な権利をふみにじり、東南アジアを、自分たちの利益のために支配しようとして行われたものなのです。

【戦争犯罪】

**■日本は戦争犯罪を犯した**

日本軍は、いたるところで戦争のルールを破り戦争犯罪を犯しました。中国や東南アジアのふつうの市民を殺したり乱暴したりしたのです。なかでも南京大虐殺はひどいものでした。何万人もの市民が、日本軍によって残虐に殺されました。これは、国際社会が決めた戦争のルールに違反した恐ろしい犯罪でした。

それ以外にも、日本軍の戦争犯罪はたくさんあります。日本軍が東南アジアを占領した時、わが連合国の捕虜たちが日本軍によって虐待されました。フィリピンでは、大勢の市民が殺されたり、暴行されたりしました。これらの戦争犯罪に責任のある被告たちが、有罪であることは明らかです。

**弁護側の意見（日本）**

**■被告は無罪だ**

この戦争の責任がすべて日本だけにあるという検察側の主張は認められません。弁護側は被告全員の無罪を主張します。

【平和に対する罪】

①日本は自衛戦争を戦った

日本の戦争は、自分の国を守るための戦いであり、侵略戦争ではありませんでした。これまでも今も、世界の国々は、国を守る自衛戦争を禁止したことはありません。わが国は資源に乏しく、西洋諸国のようにたくさんの植民地もありません。貿易しなければ生きていけない国でした。その貿易の道を閉ざして、日本が生きていけないように追いこんだのは、アメリカを始めとする連合国の方なのです。日本は、生きるために、やむなく戦争という手段に訴えたのです。この戦争の責任は、わかっていて日本をそこまで追いつめたアメリカにあるのです。

「戦争を始める」という手紙は、攻撃が始まる前に届くように送られていました。届くのが遅れたのは偶然の結果であり、ここにいる被告たちの責任ではありません。

②中国にも責任がある

中国との戦争についても同じです。わが国が日露戦争で手に入れた南満州鉄道や鉱山を経営する権利、そこで日本人が生活する権利などは、中国も条約で認めた正当な権利でした。それが中国人によって攻撃されたり、日本人が殺されたりしました。満州事変は、この日本の権利と日本人の命を守るために始まったのです。

また日中戦争は中国軍が始めた戦争であり、日本は受けて立っただけなのです。

**③東南アジアを日本の領土にしようとしたのではない**

日本が、東南アジアを支配していた西洋諸国と戦ったのは、アジアにアジア人による秩序をつくり出そうとしたからです。日本はアジアから西洋の植民地をなくそうとして戦ったのであり、そこを自国の領土にしようとしたのではありません。

【戦争犯罪】

**■すべての国が戦争犯罪を犯した**

南京大虐殺は事実と違うので認めませんが、わが国の軍隊も時にルールを守らなかったことがあったことは認めましょう。しかし、それは戦いの混乱の中で起きたことであり、被告たちが命令したことではありません。戦争犯罪は、日本だけが犯したあやまちではなく、連合国もまたその罪から逃れられないのです。東京大空襲が計画的な市民の大量虐殺であったことは明らかです。また原子爆弾ほどむごたらしい戦争犯罪があるでしょうか。さらにソ連は、戦争が終わった今もなお、日本人捕虜をシベリアで虐待し、多くの日本人が死んでいます。これらの連合国が犯した戦争犯罪は、いったい誰が裁くのでしょうか。

読み終えて、次のように指示した。

『両方の意見を読んだ感想をノートに書きなさい』

ここで予想通り一つの質問が出された。

「どっちかの立場に立った意見を書くのですか？」

仏教伝来の授業以来、こうした討論形式の資料を経験してきた子供たちだが、今回は立場を選択して討論するという展開を考えにくかったのだろう。私もまた、今回は検察側と弁護側に分かれた討論が成立するとは考えてはいなかった。

『どちらかの立場に立った意見でもいいですし、そうでなくてもいいです。両方を読んでみた感想や考えを聞きたいのです』

子供たちはこれまでにない真剣さでノートに向かい、教室は静寂に包まれた。が、ふだんのようには鉛筆が動かない子もいた。やはり事柄の重さだろう。私はいつものように子供たちの机の間を回りながら、しかし、いつものようには子供たちの文章をのぞき込む気になれなかった。どんな感想が出てきても、たとえ資料を読み取れていないような意見が出てきても、今回だけはすべてを認めようと思っていた。

『あと一分です。残りは発言する時に付け加えてください』

私の声に顔を上げた子供はいなかった。

『ではそこまで。どうしてもまだ時間がほしい人？』

十名ほどの手が挙がった。

『ではあと三十秒。まとめてください』

三十秒がなぜかとても長く感じた。

『はいそこまで。話し合いの形になります』

子供たちは、互いの顔が見えるようにコの字型に座席の向きを変える。動きが止まったところで、子供たちを見渡してから指示した。

『今日は立場がある人も、ない人もいると思いますから、自由に発言してくれていいです』

私が第一発言者を指名して感想発表が始まった。発言した子が次の発言者を指名するというリレー発言である。自分の考えを持ち、それをみんなに伝えることが大切だということを、一学期からずっとやってきた。歴史の授業もいよいよ大詰めである。今回も時間の許す限りなるべく多くの子供の言葉を聞きたかった。こうして、三十五人中、自ら挙手して発言を求めた二十七人が次々と思いを述べていった。

ここではその中から十人の発言を紹介してみる。担任にとっては一人一人の言葉のすべてがうれしいのだが、それを並べたのでは内容の重複が煩わしく、はなはだ読みにくいものになるからである。

「アメリカや他の国は間違っていると思う。自分たちは広島や長崎に原子爆弾を落として何十万人もの人を殺したのに、なんで日本だけが裁かれなくてはいけないのかと思った。それに南京大虐殺なんて事実と違うのにと思った。日本に平和を守ろうという気持ちがなかったわけではない」

「アメリカも日本もやったことはどちらも悪いと思います。日本もルールを破ったのは悪いけど、アメリカもこうなったことには責任があるんだから、どっちもどっちだと思います」

「検察側の意見だけ聞くと日本ばかりがルールを破っていて悪いようだけど、弁護側の意見を聞いて、それは違うと思った。日本もルールを破ったのを反省しなければいけないけれど、戦争に加わった連合国も原爆を落としたりしてルールを破っているので、連合国側も反省するべきだと思う」

「日本もアメリカもどっちもどっちと思われるが、やっぱりアメリカは間違っていると思う。真珠湾を攻撃したのもアメリカが貿易を止めたのが悪い。日本が戦争を始めるのが遅くても、どうせアメリカは攻めてきたような気がした。中国との戦争にも日本を守るという意味があったし、原子爆弾や東京大空襲はズルイと思う。ぼくは断じて日本を応援したい」

「ぼくは両方とも言っていることは正しいと思う。だけど、日本だけがルールを破ったわけじゃないのに、日本だけを被告にするのはおかしい。連合国が貿易の道を閉ざして日本が生きていけないようにしたんだから、そのために日本が戦争を行ったんだからしょうがないと思う」

「私はアメリカの方が悪いと思う。どこの国にも間違いはあるし、大量虐殺をした国はほかにもある。日本だけに罰を与えるのはまったくもって不平等だと思った。やっぱり日本は差別されているように感じた」

「アメリカは日本が一方的に悪いと言っているが、アメリカも東京に大量の爆弾を落とし罪もない人をたくさん殺している。広島に原爆を落とし何万人という人を殺している。アメリカは日本だけが悪いとは言えないと思う」

「両方の意見を聞いて、私は日本側の意見が正しいと思った。日本側はあやまちを認めているし少しは反省している。でもアメリカ側は一方的に日本が悪いと決めつけている。アメリカ側は日本の住民を無差別に殺している。そんなことをしているアメリカ側も罪を負うべきだと思う」

「ぼくは両方の意見がよくわかった。しかし、日本が一方的にいけないということではないと思う。日本もルールを破ったのは確かだけど、原子爆弾はものすごい力がある。国民もいっぱい殺してしまった。連合国の意見もわかるけど、やはり連合国の方が悪いと思う」
「二つの意見を読んで、アメリカの方が悪いと思いました。最初に攻撃したのは日本だけど、日本の国を守るためだからしょうがないと思いました。連合国側だってふつうの市民をたくさん殺したので、アメリカの方が悪いと思いました」

両方とも悪いという感想がある。原爆や東京大空襲の残虐を指摘して日本よりもアメリカの方が悪いという感想がある。日本を応援したいという強い言い方もある。論点については、東京大空襲や原爆の学習の印象が強かったのだろう、戦争犯罪について述べたものが多かった。また、開戦責任に触れて日本の立場を弁護した意見もあった。

ポイントは、両方悪いとしたら一方的に日本だけを被告にするのはおかしい、この裁判は不平等だという意見である。子供たちは戦争を肯定しているのではない。戦争を行う国の責任は大きいと考えている。それが両方悪いという主張になる。だからこそ、ここで戦争の責任が問われるというのなら、公平に裁かれなければならないと主張するのである。これは「勝者の裁き」であった、東京裁判の核心をついた批判だといえるだろう。
『はい。ちょっと時間が迫っていますからここで打ち切りましょう。どうしても出しておきたい意見はありますか？』

この問いにさらに二名が立った。

「戦争になるのがわかっていながら、日本を追い詰めてきたアメリカは、日本よりも先に戦いを仕掛けていたことと同じだと思いました」

「アメリカも日本も相手が悪いと言っているが、どちらも悪いのだから、両方が裁かれなくては裁判の意味がなくなると思います」

公平な資料で検察側と弁護側それぞれの言い分を追いながらも、やはり子供たちの多くは日本人としてこの裁判をとらえようとしたのである。

## 三　東京裁判を「裁判」として検討する

みなさんの思いはよくわかりました。これまでの授業とは違って、ほとんどの人が同じような考えを持つ結果になったようです。しかし、少数ながら少し違う考えの人もいました。今回も、お互いの意見の違いを尊敬し合えることが大切です。

また、この資料は二年半の討論のすべてを考えれば全く不十分なものです。しかも、判断のために絶対必要な証拠、検察側の証拠も、弁護側の証拠も、この資料には書かれていません。証拠のない単なる意見は、いくら本当らしく見えても、ウソかもしれないのです。ですから、今日のみなさんの感想もあくまで仮のものだと考えておくことにしましょう。

大きくなったら、ぜひ詳しく調べてみてください。

前の授業でも話しましたが、歴史というのは、本当は、今日みなさんが主張したような「良いか悪いか」「善か悪か」という見方がふさわしくないものなのです。今日は「裁判」の感想であり、裁判とは良い悪いを判断する場ですからそれでよいのですが、「裁判」と「歴史」とは違うということを心にとめておくことにしましょう。

『それでは次に、判決を調べてみましょう。どんな判決が出たと思いますか？』

「日本は無罪になったと思います。どうしてかというと、両方に悪いところがあったからです」

『それでは聞きます。無罪になったと思う人？』

この問いに挙手したのは九人にすぎなかった。

『有罪になったと思う人？』

残りの二十六人が挙手した。

『理由がありますか？』

「裁判官は日本ではなくアメリカがやっているんですけど、平等に行うからと言っても、アメリカは自分の方が一方的に正しいと思っているから、有罪にしたんだと思います」

『なるほど。それは何かで読んだのかな？　まだ裁判官が誰かはハテナ（?）のままになっているのですが』

「被告が日本だけなんだから、裁判官は当然アメリカだと思いました」

『なかなか鋭い推理ですね。では結論を言います。被告二十五人は全員有罪でした。東条英機を始めとする七人は死刑になりました』

「ウァー」と、むごいなという感じの声があがった。

より正確に言えば、授業冒頭で話しているように、実際に起訴されたのは二十八人で、松岡洋右など三人が裁判中に病死するなどしたので、判決が出た被告は二十五人だったのである。

『それから十六人が無期禁錮。死ぬまで牢屋に入っていなさいという判決でした。残る一人は二十年、一人は七年の禁錮でした。これが東京裁判の判決でした』

さて、判決を知ったあとは、この裁判が公正な裁判ではなかったという問題点を知るステップに進もう。罪刑法定主義に違反していること（事後法問題）等いくつか本質的なテーマがあるのだが、ここでは、小学生にわかるという基準で二つの問題点を選ぶことにした。「裁判官の不公正」と「証拠採用の不公正」である。

『では、ここまでハテナ（？）にしてきた裁判官がどんな人たちだったかを教えることにしましょう。今Y君が推理してくれたことがほぼ正解なのです。裁判官は本来中立の立場で、両方の意見を公平に聞いて正しい判決を下す、それが裁判というものの常識ですね。実際、この戦争で中立をつらぬいた国もあったのですが、十一人の裁判官はこれらの国の裁判官でした』

アメリカ・イギリス・フランス・オランダ・ソ連・カナダ・オーストラリア・ニュージーランド・中国・インド・フィリピン

検察官の国名と全く同じ国名であることはすぐにわかる。

「ワー、同じだよ!」という声や「やっぱりな……」というつぶやきがあった。改めて、確かめておくことにする。

『何か気がついたようですね?』

「全部連合国の人たちです」

再び、「検察官と同じじゃん」「これなら有罪になるよ」などという声がもれた。

『これはその代表のウェッブ裁判長。オーストラリアの裁判官です』

『怒っている人がだいぶいますが、裁判官と検察官が全く同じ立場の人々だったということは、この裁判のたいへん重要な問題点の一つでした。他にもいくつかあるのですが、今日はもう一つだけ裁判の進め方の問題点を教えましょう。これを見てください』

授業では、この実物を見せた。重いので第一巻

【ウェッブ裁判長】

だけを持ち、残りは箱だけを教卓にならべたのである。

『これは、弁護人が「私たちの言うことは正しい」ということを証明するために、証拠として裁判に出そうとしたのですが、裁判長から発表を禁止されたものや発表を禁止されることがわかっていたので、裁判所に出さなかった証拠のすべてです。それを研究のために本にしたものです』

分量のすごさを知ってもらうために、第一巻のページをめくりながら、小さな活字がびっしりと並んでいる様を見せた。

「わあ細かいな」「たくさんあるね」等の声があがった。

『弁護側は、これだけの証拠が取り上げてもらえなくて、出したかった証拠の一部を使っ

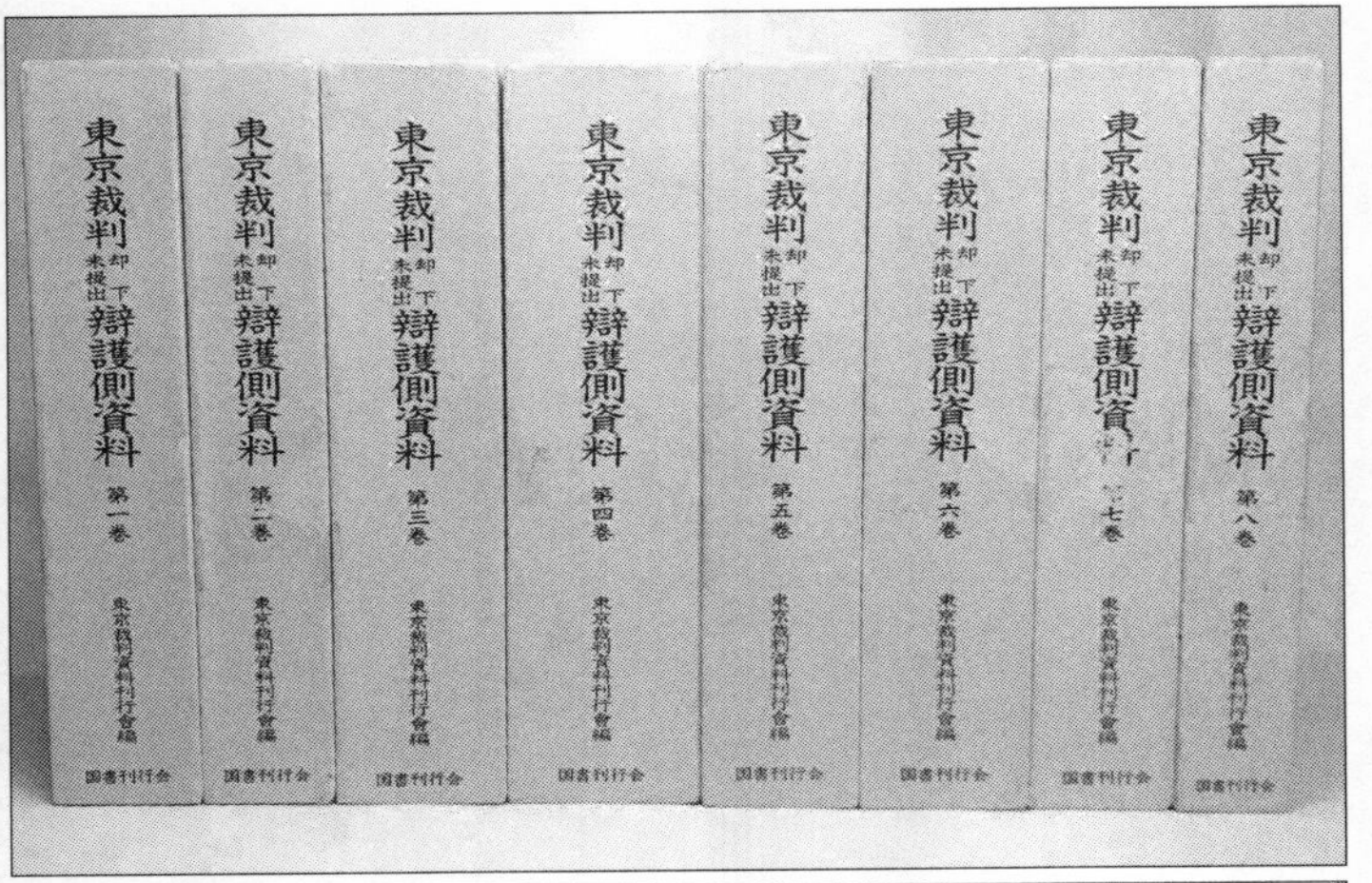


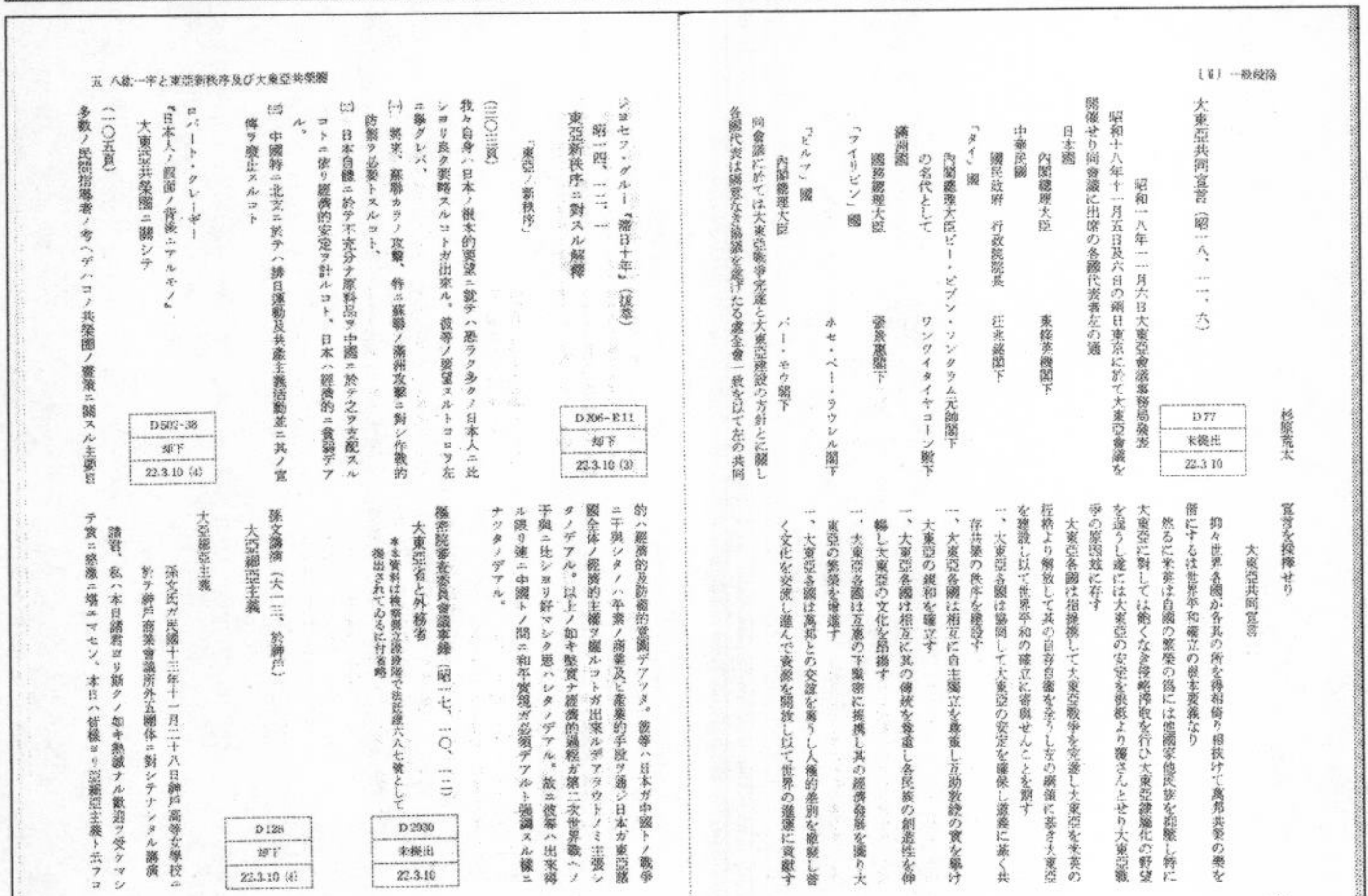

**【東京裁判資料刊行會編『東京裁判却下未提出辯護側資料』全8巻**
**(国書刊行会)】** 総頁数は五千五百頁

て戦うしかありませんでした。ところが、検察側の証拠は、人に聞いた話のように事実かどうか怪しいものまで、証拠として取り上げられました。ということで、裁判官の構成だけでなく、裁判の進め方にも大きな問題がありました。こうしたことから、今では、ほとんどの学者が「この裁判は正しくない」と認めています。裁判で最も大切なのは公正さ、公平さだからですね』

## 四　東京裁判を評価する意見

さて、子供たちは裁判の内容とその不公正さを理解した。世界中の法律家が不公正だったと認める裁判だが、日本国民の中にはこの裁判に高い評価を与えている人々がいる。裁判に不公正な面があったのは確かだが、その判決は正しかったし、東京裁判自体に大きな意味があったという主張である。

私は社会的、政治的なメッセージを含む教材を扱う授業の場合、自分に課している一つの原則がある。それは学説に対立があったり、国民世論に対立がある場合、両者の見解を教えるという原則である。これは、専制国家や共産主義国などの独裁制国家の教育にはない、自由主義国の教師だけに与えられた光栄ある教育方法である。自由な、自立した、責任ある個人を育てるためには、この方法が最もふさわしいのである。

この授業で、検察側意見と弁護側意見の両方を、同じ分量で、論点も揃えてなるべく公平に教材化しようとしたのも、そうした理由によるのである。その原則に従って、授業のしめくくりには、東京裁判に対する肯定的な意見と、否定的な意見の両方を示すのである。

『さて、最後に、東京裁判そのものに対する意見を二つ紹介します。一つは、公平でない面があったことは確かだが、この裁判にはたいへん大きな意味があった、この裁判をやってもらってよかったのだ、という意見です。その代表的な意見を紹介しましょう』

**東京裁判に賛成する意見**

この裁判は、世界の平和にとっても、日本人にとっても大きな意味があった。そして、その意味は今も失われていない。その理由は次の通りである。

①太平洋戦争は、日本が、中国や東南アジアに対して行った侵略戦争だったことが、この裁判で明らかにされた。「自分たちは、本当は悪い戦争に協力していたのだ」と、日本人が気づくことができたのは、この裁判のおかげである。

②日本軍が中国や東南アジアでむごたらしい戦争犯罪を犯していたことを、日本人はこの裁判で初めて知ることができた。そのおかげで、日本人は自分たちの罪の大きさに気づき、深く反省することができたのである。

③戦争中の日本のリーダーたちが厳しく裁かれたことによって、世界中の人々も「戦争を始めることは犯罪なのだ」と気づくことができた。だから、この裁判は、世界平和のために大いに役立ったといえるのである。

子供たちは、なるほどというようにうなずきながら読んでいた。ここまでの学習では思いつかなかった主張があるからである。しかし、その主張には明らかな虚偽がまぎれこんでいる。すべてとはいかないが、その一部は授業の終末で取り上げることにしよう。

さて、次は批判的な評価である。そう考えて探したが、こちらは肯定論のように単純ではなかった。どんな資料を選ぶか迷ったが、やはりパル判決を示すことにしたのである。

『次にもう一つのお話です。実は、十一人いた裁判官の中で、インドの裁判官だけは他の裁判官とは違う意見を述べました。裁判の中では発表もさせてもらえず、新聞などで報道することも禁止されたので、日本人には知らされなかった意見です。それを教えましょう。その裁判官はこの人です』

この時、なぜか子供たちは「オー」という感動の声をあげた。子供たちはその強い意志的な容貌に何ごとかを感じ取っていたのだろう。

『この人はパル判事と言います。インドは長い間イギリスの植民地にされていた国です。パルさんはインド人のエリートとしてイギリスに学び、高名な法律学者になった人ですが、このパル判事が、公平に見れば日本は無罪であるという意見を出したのです。その判決文は厚い本になるほど長い文章ですが、これはその大事なところを要約したものです』

【パル判事】

**パル判事の無罪判決**

被告二十五名は全員無罪である。その理由は次の通りである。

①日本の戦争には、侵略的な面もあったが、自分の国を守るという面もあった。戦った両方に政治の失敗があったのだから、日本だけが悪かったと決めつけるのは間違いである。

②検察側が言う「日本の戦争犯罪」には、事実かどうか証明できないものが多かった。確かに、日本軍も戦争犯罪を犯したが、それらはここにいる被告たちが命令してや

らせたことではない。むしろその点では、原子爆弾を落とせと命令したアメリカ大統領こそ裁かれるべきであろう。
③これは、裁判に名を借りた復讐である。日本は戦争に負けたことですでに十分に裁かれている。その上、戦争に勝った側が負けた側にこのような復讐を行うことは、世界平和にとってかえって害が大きいのである。
やがて長い時間がたち、世界の人々が、復讐心ではなく、公平な見方で歴史を見ることができるようになった時には、「連合国は正義であり、日本は悪だった」と決めつけたこの裁判が、正しい歴史の見方ではなかったことが理解されるようになるであろう。

## 五　最後の二つの問い

子供たちは、私の朗読を聞きながら、真剣な表情で資料に目を落としていた。そして、子供たちの厳しかった表情が、しだいに穏やかなやわらかい表情に変わっていくのがわかった。

『では、最後に二つの質問をして授業を終えることにしましょう。まず第一問です。この東京裁判のあと、戦争は犯罪だとわかった世界には戦争がなくなったのでしょうか？』
・戦争はなくなった（〇名）
・戦争はなくならなかった（全員）
『みんな正解です。日本の戦争が終わってからすぐに、アジアの植民地ではフランス・オランダなどの植民地から独立するための戦争が起きました。その後も世界には、三百回とか六百回とか数え方によってさまざまですが、この六十年の間にたくさんの戦争が起きました。こうしてみなさんと勉強をしている今も、地球上のどこかで戦っている人々がいます。たいへん悲しいことですが、それが世界の現実です』

最後は次の問いである。

『東京裁判の後、世界の国々は戦争があるたびに、東京裁判と同じような裁判をやってきたのでしょうか？』
・裁判を行ってきた（三名）
・裁判は行われなかった（三十二名）
『行われなかったが正解です。理由がありますか？』

「このときの裁判が、戦争に負けた日本だけを一方的に責めたから、もうやらなくなったと思いました」

「パルさんが言ったように、裁判は復讐みたいになっちゃうから、みんなもうやめることにした。戦争が終わったのに復讐をすれば、また戦争になるかもしれないからです」

「こういう戦争に負けた方だけを一方的に責める裁判は、やっても意味がないということがわかったので、もうやめることにした」

『なるほどね。たぶん三人が言ってくれた通りだと思います。はい、今日はたいへんいい勉強をしたね。たいへんよく考え、すばらしい意見がたくさん出せました。次からは、この東京裁判が行われた日本、アメリカ軍に占領されていた時代の日本について、考えることにしましょう。これで授業を終わります』

こうして、私にとっては大きな冒険だった授業が終わった。小学生にとって、この教材はかなりハードなものであったに違いない。しかし、彼らは最後まで興味深く学習し、授業後の学習感想文も一生懸命書いていた。それらの多くは国を愛する真情にあふれるものだった。

近現代の歴史学習を通して、子供たちは、平和な世界をつくりたいという願いと、日本をより良い国にしたいという願いを育んできた。その願いは、このような歴史の現実の厳しさを学ぶことによってこそ、いっそう深められ、確かなものになっていくのである。

東京裁判を冷静な目で学ぶことは、国民形成にとってきわめて重要である。これが国民の目から隠されているかぎり、日本国と日本の伝統を嫌悪させるためにつくられたウソが流通し続けることになる。東京裁判の真実を学びさえすれば、その迷妄は覚めるのである。

小学生だけでなく、中学生から社会人まで、これを基本的な教養として学ぶことが求められている。

## ◆子供たちが学んだこと

■私は、日本も悪いことをしたけど連合国も悪いので、日本が一方的に責められるのはまちがっていると思う。確かに日本はルールを破りずるいこともしたけど、連合国の言うことは確かじゃないこともたくさんあると思う。それに、日本の弁護人の証拠を全部出させなかったのは、すごく不公平だと思った。でも、インドの裁判官パルさんは、日本は無罪だと言ったのでびっくりした。パルさんの言ったとおり、連合国の日本への復しゅうも少しあったと思う。

■この二年半にもおよんだ東京裁判は不公平だと思った。実際の裁判の様子は見ていないけど、なんとなく想像できる。日本だけがルールを破ったわけではなく、アメリカなども破っているのに罰を受けないのはやっぱりおかしいと思う。それはやっぱり、インドのパルも言っていたけど、裁判官が連合国だから、復しゅうということだったんだと思う。日本も悪いが、アメリカもそれ以上に悪いと思った。

■この裁判は不平等裁判だと思った。日本も悪いかもしれない。でも連合国も悪い。なのにどうして日本だけが裁かれるんだろう。真珠湾の攻撃も、相手は攻撃してから手紙を出したと言っているけど、本当は手紙を出してから攻撃して、日本は悪くない。でも、日本も関係のない人を殺しているから、確実にこっちが正しいこっちが悪いというのは、中立の立場からは難しいと思う。きっと私がこの立場（中立）でも、どっちが正しいというのはできない。しかし、この裁判は連合国が検察官と裁判官で、日本を一方的に責めているから、裁判ではなく、不平等なだけだと思う。

■この裁判の結果を聞いてすごい不公平だなと思った。とくにアメリカの東京大空襲と原子爆弾はとても許されないことだと思ったのに、なんで日本だけ有罪になるのかなと思った。思えば第一次大戦のとき日本が提案した人種差別をなくそうと出したのも、アメリカにつぶされたから、もしかしたら始めからアメリカにねらわれたのかなと思った。インドの裁判官パルさんは、いい人だなと思った。

■私は日本だけが裁かれるのはおかしいと思った。日本だけが裁かれるのは少し不平等に感じた。やはり人種差別されているようにも感じた。肌に色がついているだけで、こんな大事な裁判でも差別されてしまうなんて、すごくくやしかった。インドのパルさんが言ったことを、日本の人たちが知らないなんてもったいないことだと思った。

■私は、東京裁判のやり方は不平等だと思った。裁判官は連合国側の意見ばかりをとり上げ、日本の意見は全然とり上げてくれなかった。なんか、裁判の結果は、裁判をしなくても決まっていたような気がする。でも、インドのパルだけは、日本の方が正しいと言ってくれた。こういう平等な見方をしてくれる人がいないと裁判は成り立たないと思った。でも、もし日本の意見がみとめられても、こういう裁判はなくなったと思う。日本にも悪いところがあったからだ。この戦争では、本当は両方が悪かったと思う。でも、アメリカのした方が被害が大きかったから、私はアメリカの方が悪いと思った。

■とてもすごい戦いだった。見てないけどなんか想像できる。けど、アメリカが悪いという気持ちは変わらない。日本が真珠湾攻撃したのは、アメリカが日本の貿易を止めてしまったからであり、アメリカが悪い。他の理くつも日本の意見でうめられる。しかも、アメリカは原子爆弾を落とし、東京大空襲までやった。国民を数十万人もまきぞえにしたのだ。これは信じられない。だいたいこの裁判は不利の下で行われた。裁判は正義という感じがしたけど、これは単なる、パルさんが言った「ふくしゅう」である。日本はこのふくしゅうでどうなったのであろうか？　また、どうやってもう一度独立できたのだろう？

# 終　章

## 「わが国のあゆみ」の大きな物語

### 教育内容と指導計画の提案

小学校の歴史教育の基準は、文部科学省の『小学校学習指導要領』の「社会科六年」に示されている。そこには小学校の歴史教育の目標が次のように書かれている。

国家・社会の発展に大きな働きをした先人の働きや文化遺産について興味・関心を深めるようにするとともに、わが国の伝統や歴史を大切にし、国を愛する心情を育てるようにする。

それは、私たちが『教科書が教えない歴史』以来追究してきた歴史教育の目標そのものである。本書で私が実践した歴史の授業づくりも、国が定めた右の教育目標を達成しようとしたものである。その結果、私の教え子たちには、決して十分とは言えないかもしれないが、「わが国の伝統や歴史を大切にする心情」や「国を愛する心情」が育っているという実感を持てるようになった。

最近は、この点が曖昧になっている歴史授業が多いので、歴史教育の幹とすべき右の目標の重要性を強調しておきたい。

さて、教育目標だけでなく、教育内容についても、私の実践は『小学校学習指導要領』の指示するところを忠実に守っている。ご存じない方も多いと思うから、文科省が指示している教材として取り上げるべき歴史人物を書いておこう。それは次の四十二人である。

卑弥呼、聖徳太子、小野妹子、中大兄皇子、中臣鎌足、聖武天皇、行基、鑑真、藤原道長、紫式部、清少納言、平清盛、源頼朝、源義経、北条時宗、足利義満、足利義政、雪舟、ザビエル、織田信長、豊臣秀吉、徳川家康、徳川家光、近松門左衛門、歌川（安藤）広重、本居宣長、杉田玄白、伊能忠敬、ペリー、勝海舟、西郷隆盛、大久保利通、木戸孝允、明治天皇、福沢諭吉、大隈重信、板垣退助、伊藤博文、陸奥宗光、東郷平八郎、小村寿太郎、野口英世

私はこれらの人物をすべて取り上げて、人物中心の歴史授業をつくってきた。ただ、私の授業がひと味違うのは、わが国の歩みを「日本の来歴」「われわれの物語」としてとらえ、教育内容・教材をその視点から再構成していることである。そうすることによって授業全体に大きな筋が生まれ、「日本人を育てる」という魂がこもったのである。

私は、この「来歴」「われわれの物語」という考え方を、昨年末に急逝された坂本多加雄先生から学んだ。先生は、『日本は自らの来歴を語りうるか』（筑摩書房）『象徴天皇制度と日本の来歴』（都市出版）『歴史教育を考える』（ＰＨＰ新書）などを通して、歴史教

育とは何か、子供たちに歴史を教えるとはどういうことか等々、現場の教師が最も必要としていた原理的な問いを誠実に問い続けられた方である。私は先生の業績から歴史教育の土台となる考え方を学んだのである。その内容をここで詳述することはできないが、本書は、先生のご研究の骨格となった問いを、小学校の教室という教育現場で追究したものなのである。

それではまず、私の授業づくりが依拠する「われわれの物語」を簡単に図示してみよう。左頁の図式は、聖徳太子の授業・鎖国の授業・明治の授業の三つの授業づくりを進めるなかで、しだいに浮かび上がってきた。三つの授業がいずれも日本と外国文明とが遭遇した場面であることを考えると、具体的な授業づくりと「物語」とが、私の中で同時進行していたように思える。

アイディアの原点は、国家は「外部」があって初めて成立するという視点である。具体的に言えば、「外国＝世界」の存在とその刺激・影響・強制力である。特に、わが国の来歴は、外来文明との遭遇を歴史の結節点として物語るのがわかりやすいし、日本人のアイデンティティーとしても了解できる物語になるのである。

## 「わが国のあゆみ」の大きな物語

**Ⅰ　国家以前・民族文化の基層形成の物語**
【縄文時代】

**Ⅱ　中華文明との出合いと古代国家建設の物語**
【弥生時代・古墳時代・飛鳥時代・奈良時代】

**Ⅲ　中華文明と距離を置いた日本の自己形成の物語**
【平安時代・鎌倉時代・室町時代・戦国時代・江戸時代】

**Ⅳ　西洋文明との出合いと近代国家建設の物語**
【幕末から明治時代】

**Ⅴ　世界の中の日本の自己形成の物語**
【大正時代・昭和時代・平成時代】

**将来の日本**

まず、それを最も単純化した文章で示してみよう。


わが国の歴史とは、強大な先進文明との衝突を、創意工夫と努力によって克服しながら、国としての独立を守り発展させてきた先人の歩みである。

わが国は中国から渡来した先進的な文化を導入し、かつ古来の伝統も保存し、両者を統合して古代国家を形成した。

その後数百年の自立的発展を通して、今日につながるオリジナルな日本文化を形成した。

近代になると、わが国は強大な西洋文明と衝突する。ここでも古代と同型の戦略的な方針を持って、近代的国民国家を形成し、欧米と対等な地位を築いた。

その後、昭和の長い戦争と敗戦後の被占領期という苦難の時代を経て、再び経済大国として復活し今日に至っている。


このようにとらえると、日本は歴史の中で「国づくり」を二回やりとげた国であることがわかる。古代と近代である。しかもその国づくりの戦略は、ほとんど同じ型になっている。これが「われわれの物語」の骨格である。

次に、この「物語」を五つの時代区分に即してもう少し詳しく描いてみよう。

## Ⅰ 国家以前・民族文化の基層形成の物語

### 【縄文時代】

日本列島に住んだ私たちの祖先（縄文人）は、海を越えて多様な交流を持ちながら、自然の一部のように生きた。そして一万年以上の気の遠くなるような長い時間をかけて、独自の文化を育んだ。土器を発明しただけでなく、信仰・言語・造形・建築、生活技術等々、豊かな文化を生み出した。とりわけ重要なのは、この時代に日本語の原型が成立したことである。

それは、日本人の感受性や文化の基層を形成した時代であると言えよう。

## Ⅱ 中華文明との出合いと古代国家建設の物語

### 【弥生時代・古墳時代・飛鳥時代・奈良時代】

私たちの祖先は、先行した大陸の文明（中華文明）と遭遇した。大規模な農業と金属器と文字と戦争、そして法律・官僚制度・歴史・文明宗教・首都を持つ国家である。

まず私たちの祖先は、水田稲作と金属器を導入して、縄文時代ののどかな暮らしと訣別した。水田稲作の発展は、各地に小規模な都市国家を誕生させ、やがて、大和朝廷によって列島の小国家は統合された。今日の日本のもとになった国家が建国されたのである。この過程で、わが国は、漢や魏など先進国に服属し、中華冊封体制に組み込まれていった。転機は聖徳太子に始まる。

中華冊封体制から離脱して、独立したわが国は、大陸の先進文化を積極的に導入しながら、しかも自国の伝統は守り抜くという明確な文化戦略のもとに、日本的な律令国家の建設を進めた。その完成は奈良時代、とりわけ天平文化が開花した時期とみることにしよう。こうして、わが国は中国が千数百年かけた古代国家の形成をわずか数百年で成しとげていった。それは新たな外来文化とわが国独自の伝統文化とを統合する歩みであった。

この時最も重要な史実は、わが国が大陸の易姓革命の思想を採らず、古来の信仰に基づく皇室を国家統合の正統な権威として継承していったことである。

第二は、わが国が、東アジア世界の中華秩序の中で、唯一中国と対等な外交関係を持つ独立国となったことである。

## Ⅲ 中華文明と距離を置いた日本の自己形成の物語

## 【平安時代・鎌倉時代・室町時代・戦国時代・江戸時代】

古代国家を完成した日本は、九世紀頃から大陸文明と一定の距離を置き、自立的な発展の道へと歩み始める。

この時代に、国の支配層は貴族から武家へと転換していった。統治の組織においては、朝廷と幕府の二重統治の後、いったんは武家による全国統治が実現するが、やがて戦国大名の領国へと分裂していった。こうして小国分裂状態となった国家の危機を、最終的に克服したのが江戸幕府による天下統一だった。が、それは古代のような一元的な統一国家ではなく、地方ごとの自治組織（藩）を保存したまま、そのトップを強力に支配統合する体制だった（連邦政府）。その二百数十年におよぶ長い平和の中で、私たちの祖先は江戸文明とも呼びうる繁栄を享受した。

この第Ⅲ期は、今日の日本につながる、あらゆる文化的伝統が形成された時代である。日本文字（かなと漢字）、日本的信仰（神仏習合）、日本的法秩序（律令＋武家法）、日本的道徳（武士道）、日本的な文学や芸術や生活文化や年中行事、そして何よりも「象徴天皇制度」という、国のかたちの伝統がゆるぎなく確立する。武家もまた、皇室の権威を国家統合の源泉としてきた伝統を継承し続け、これを滅ぼさなかったからである。

この日本文明の自立的な発展期に、私たちの祖先は二度の国家的な危機に遭遇した。元寇と第一次ヨーロッパ文明との出合いである。元寇が平安時代ではなく鎌倉時代だったことは幸運であった。その時もし武士の政府がなければ、わが国の運命は風前の灯火だった。また、戦国時代の第一次の西洋との出合いでは、キリスト教を禁止してオランダとの交易を継続するという選択をしている。鎖国とは西洋とのパイプを確保しておくための安全保障政策であり、江戸の長い平和を実現した賢明な決断であった。

## Ⅳ 西洋文明との出合いと近代国家建設の物語

### 【幕末から明治時代】

江戸の長い平和は第二次西洋文明との衝突によって破られる。それは産業革命後の西洋列強によって、地球上が一つの世界となることを強いられた時代であった。そして地球上のすべての有色人種は、白色人種に支配される運命にあるとみなされた時代である。この時、わが国もまた、西洋列強による植民地支配という国家存亡の危機に遭遇したのである。この危機を、わが国は先進文明と伝統との統合という、古代に経験したのと同型の方法的な自覚に立って克服しようとした。和魂洋才戦略である。

まず古代以来継承した天皇の権威を中心に、ゆるぎない統一国家を再建した。その上で、西洋文明に懸命に学びながら、彼らの立憲制度や軍事力、産業革命等を積極的に導入していった。こうして、西洋列強に実力で追いつき、国際法のメンバーとして対等につきある近代国家を建設していったのである。
それはまさに、古代に次ぐ第二の建国であった。かつて東アジア中華秩序の中で唯一日本だけが自立したように、ここでも世界の有色人種国家の中で唯一日本だけが西洋列強との対等な地位を獲得したのである。それは、私たちの祖先の、「日本は独自の文明国家である」という誇りと、国を挙げての懸命な努力の結果であった。

## Ⅴ 世界の中の日本の自己形成の物語

### 【大正時代・昭和時代・平成時代】

近代国家の完成をいつとするかは迷うところもあるが、一応、日露戦争後の不平等条約の完全改正の時点としよう。この時、幕末以来の国家目標が達成され、法的にも西洋列強と対等な地位に立ったからである。

しかしわが国を取りまく環境は、古代国家を完成した時代とは全く異なっていた。近代日本と世界との距離はゼロになっていた。もはやかつての歴史のような、のんびりした自己形成の時代を持つことはできなかったのである。弱肉強食の国際社会の中で、国を維持しかつ発展させることは、明治の建国よりもさらに困難な道程となったのである。目まぐるしく変わる国際社会の力関係の中で、国家の目標はしだいに不鮮明になり、国民的な統合もしだいに分裂の様相を見せるようになった。

第一次世界大戦後に世界の五大国としての地位をピークにして、わが国は史上最も過酷な運命の中に突き進んでいき、やがて大東亜戦争の敗戦という国家存亡の淵に立った。そして、わが国は歴史上初めて、他国の軍隊の支配下に置かれたのである。

大東亜戦争期の歴史的な検討と評価はまだ定まっていない。が、この戦争の後に、アジアの植民地の独立が相次ぎ、白人が有色人種を支配する(保護する)ことを「文明的」であるとみなす一つの時代が終わったことは確かである。

やがて、わが国は再び占領から独立し国際社会に復帰した。そして、独立後も懸命な努力を継続し奇跡的な経済発展を成しとげていく。その結果、わが国は再び西洋諸国と肩を並べる大国となった。

しかし、それは「経済的には」という但し書きをつけなければならない特殊な地位の「大国」であった。その特殊な地位を保障したのが、米ソ冷戦という国際環境だったのである。このように、戦後七年間の被占領の経験はわが国にさまざまな影を残した。私たちは「戦争と被占領」がもたらしたわが国の特殊な地位とそれがもたらす文明的な諸課題を、未だ克服できていない。

以上、雑駁で不統一な叙述だが、これが、現時点で私が構想する「われわれの物語」である。今後は、I期からV期までの時代区分の意味と内容を、史実に照らしてよりいっそう明らかにしていきたいと考えている。

また、V期については、私たちの研究会の内部でも歴史のとらえ方に一定の相違がある。今後さらに議論を深め、教育目標に即して取り上げるべき教材の優先順位や望ましい取り上げ方を研究していきたい。この時期の多様な授業づくりが現時点での最も重要な課題である。

今のところ、私は、岡崎久彦氏の『幣原喜重郎とその時代』他全五巻の「外交官とその時代シリーズ」（PHP研究所）の歴史が、最も公平で、わかりやすく、また国民として納得できる叙述ではないかと考えている。

## ■歴史の指導計画（全68時間）

ここに示すのは、現時点（平成十五年夏）での「日本の歴史」全授業である。タイトルしか示せず、わかりにくいとは思うが、本書に紹介した八つの授業以外のおよその流れだけでも読み取っていただけるとありがたい。

なお、文科省が指示している四十二人の歴史人物の授業は、「　」で示したタイトルの前にその人物名を示した。なお、本書に書いた授業には■をつけておく。

## 0 歴史入門（2時間）

01 「歴史の中にはご先祖様が生きている」（歴史を学ぶ大切な意味を考える）■

02 「今も地域に祀られる庚申塔からわかること」（史料と年表の基礎知識）

## Ⅰ 国家以前・民族文化の基層形成の物語（1時間）

03 「縄文時代の人々の暮らし」（民族のはじまりと日本列島独自の文化）

## Ⅱ 中華文明との出合いと古代国家建設の物語（13時間）

04 「弥生時代の人々の暮らし」（水田稲作が一万年の縄文時代を終わらせた）

05 「奴国王の金印からわかること」（ムラからクニへ。王たちは中国皇帝の家来だった）

06 卑弥呼「ヒミコも中国の家来だったのか？」（中華冊封体制下の邪馬台国）

07 「皇室のご先祖が日本列島を統一した」（前方後円墳でわかる大和朝廷の日本建国）

08 「なぜ王たちは天皇を中心にまとまったのか？」（神話の中の日本建国物語）

09 聖徳太子「仏様か？　神様か？」（仏教伝来を考える）■

10 聖徳太子「天皇中心の国のかたち」（十七条の憲法が国のかたちを決めた）

11 聖徳太子・小野妹子「遣隋使の国書」（中国と対等な独立国になった日本）■

12　聖徳太子「隋に学んで、隋に追いつこう」（遣隋使と法隆寺・聖徳太子の生涯）
13　中大兄皇子・中臣鎌足「聖徳太子の国づくりを受けつごう」（大化の改新とは何か）
14　中大兄皇子「大帝国唐と戦った日本」（白村江の戦いと戦後の国づくり）
15　聖武天皇・行基「奈良の大仏と文明国日本の完成」（大仏と法律と首都と史書）
16　聖武天皇・鑑真「天平文化のかがやき」（世界に誇る万葉集と仏像彫刻を鑑賞する）

## Ⅲ　中華文明と距離を置いた日本の自己形成の物語（20時間）

17　藤原道長「もはや中国に学ぶものはない」（遣唐使の廃止と貴族の生活）
18　紫式部・清少納言「平安貴族が日本らしい文化をつくった」（かな文字の発明）
19　平清盛「新しいリーダー〈武士〉の誕生」（貴族にあこがれた平氏の政治）
20　源義経「源平の戦い」（戦争の天才義経の戦いとその悲劇）
21　源頼朝「鎌倉幕府と新しい国のかたち」（天皇中心の国の武士の政府）
22　北条時宗「日本を守った武士の働き」（元寇）
23　「鎌倉時代の文化」（新古今和歌集と慶派の彫刻を鑑賞する）
24　「天皇親政か武士の政府か」（建武の新政と室町幕府）
25　足利義満「日本国王とよばれた将軍」（日明貿易と金閣）
26　足利義政・雪舟「今につながる室町時代の生活文化」（書院造り・生け花、茶道）

27　ザビエル「戦国時代の西洋との出合い」（鉄砲とキリスト教の伝来）
28　織田信長「天下統一の夢」（再び日本を一つの国にまとめよう①）
29　豊臣秀吉「天下統一の実現と大阪城」（再び日本を一つの国にまとめよう②）
30　徳川家康「関ヶ原の戦いと江戸幕府」（再び日本を一つの国にまとめよう③）
31　豊臣秀吉「秀吉対フェリペ二世のキリスト教問題」（西洋とどうつきあうか①）■
32　家康・家光「西洋とつきあうためのルール『鎖国』」（西洋とどうつきあうか②）■
33　徳川家光「徳川の長い平和と繁栄」（強い権力が平和と秩序を創造した）
34　近松門左衛門・歌川広重「町人文化のにぎわい」（豊かさが庶民にまでひろがった）
35　杉田玄白・伊能忠敬「再びしのび寄る西洋の影①」（西洋の学問に学ぼう）
36　本居宣長「再びしのび寄る西洋の影②」（古代の日本に学ぼう）

## Ⅳ　西洋文明との出合いと近代国家建設の物語（20時間）

37　ペリー「黒船来航とペリーの白旗」（鎖国のルールを認めない西洋との出合い）
38　「西洋はなぜ日本に開国をせまるのか」（アヘン戦争とアジアの植民地）
39　「開国よりほかに道はなかった」（阿部正弘・不平等条約という国づくりの課題）
40　「開国か攘夷か、藩のためか国のためか」（吉田松陰・日本を変える人材を育てる）
41　「下関戦争と長州藩を変える戦い」（高杉晋作・上海を見た晋作の考えと行動）

42　大久保利通「イギリスと戦った薩摩藩」（西洋のパワーを確かめた武士たち）
43　勝海舟・西郷隆盛「対立を超えて国のために」（戊辰戦争と江戸無血開城）
44　「幕府を倒すべきか、幕府を残すべきか」（坂本竜馬・薩長同盟と大政奉還）
45　木戸孝允「明治の国づくりの大方針を考える」（五箇条の御誓文と船中八策）■
46　大久保利通「ほんとうの日本統一と国民の誕生」（廃藩置県とは何か）■
47　「武士の軍隊か農民の軍隊か」（大村益次郎・徴兵制度と国民の軍隊）
48　福沢諭吉「西洋に学び、独立自尊を求めて」（文明開化と国家の独立）
49　大久保利通「富国強兵という大方針」（岩倉使節団の見聞から学んだこと）
50　西郷隆盛・大久保利通「国家のリーダーとは何か」（維新の親友が戦った西南戦争）
51　板垣退助・大隈重信「憲法と議会政治を求めて」（自由民権運動と藩閥政府）
52　伊藤博文「アジア初の立憲政治の確立」（大日本帝国憲法と内閣制度）
53　陸奥宗光「ノルマントン号事件と不平等条約の改正」（治外法権の撤廃）
54　陸奥宗光「日清戦争の勝利」（日本の安全と朝鮮半島の意味①）
55　東郷平八郎「日露戦争と日本海海戦の大勝利」（日本の安全と朝鮮半島の意味②）
56　小村寿太郎「明治の目標を達成した日本」（不平等条約の完全改正）

## Ⅴ　世界の中の日本の自己形成の物語（12時間）

57　野口英世「世界の五大国になった日本」（大正時代の文化）
58　「満州事変と満州国」（昭和の日本人にとって満州とは何だったのか）
59　「終わらない戦争になった日華事変」（ついに理解し合えなかった日本と中国）
60　「大東亜戦争①真珠湾攻撃への道」（アメリカとの戦争を決断した人々）
61　「大東亜戦争②太平洋の戦いと敗戦」（戦いの経過と敗戦を決断した人々）
62　「大東亜戦争③戦争の意味を考える」（国のために命を捧げた人々）
63　「東京裁判について考える」（戦争の勝者が敗者を裁いた裁判）■
64　「アメリカに占領された日本」（歴史上初めて外国に支配された七年間）
65　「日本国憲法と戦後の改革」（占領下の自由と民主主義について考える）
66　「自由と民主主義の国日本の発展」（再び独立した日本の奇跡の経済成長）
67　「国づくりのバトンと自分の番」（私たちの国日本国民として生きる）
68　作文「日本の歴史を学んで」

最後に、第六十八時間目、歴史の全授業を終えて書いた子供たちの学習感想文を示しておく。

## 【感想文集】「日本の歴史を学んで」

◇書いた人　さいたま市立島小学校
　　　　　六年二組の子供たち
　　　　　（十一歳〜十二歳）

◇書いた日　平成十二年十二月二十一日

■これは全授業を終えた後の学習感想文である。

小学生が自国の歴史を学び終えて、それを振り返りながら各自の思いを書いた。それぞれの子供の人となりを知る担任としては、各自が力の限り心をこめて書いたことがわかるが、一般の読者にはどうであろうか。子供たちの思いを読み取っていただければうれしい。読みにくい文章もあり、内容や表現の誤りもあるが、資料としてあえてそのまま掲載したのは、これは載せる価値があるという編集者のすすめによる。そうであってほしいと願う。

■六年生になってからずっと日本の歴史を学んで、今まで知らなかった日本の努力や危機などを知った。昔は人種差別や不平等条約などの問題でなやみ、戦争も起こってすごく大変で苦しかったろう。私達は、人々が努力して一番豊かになった時代に生まれたからその苦しさはわからないと思う。

日本は縄文時代ごろからずっと長い歴史が続き、聖徳太子が日本を独立させたり、日本だけの文字、カタカナや平がなが誕生したり、幕府ができたりといろいろなことがあった。お茶や生け花、すみ絵や家の造りなど、芸術的な日本らしい文化も生まれた。それぞれみんな外国にはない日本独特の政治や文化、考え方だと思う。織田信長も、西洋から取り入れた鉄砲を工夫して使い、長篠の戦いでうまく利用した。

でも、外国との付き合い方や政治のしくみの考え方は、人によって意見がちがうこともあった。

もし、別の意見だったら日本の未来は大きく変わっていたと思う。日本の産業の発達や豊かさ、人々の考え方など国全体が現在とは全くちがったかもしれない。そう思うと、今の日本があるのは昔の人々のおかげだ。別の意見のほうが結果的に良かったとしても、昔日本のためにがんばってくれた人々に感謝したい。

日本の歴史を学び、いろいろなことを知り、いろいろな考えを持つことができて良かった。それに、今の私達や今の日本は、昔、日本を立派な国にしようと一生けん命努力した人々のおかげであることがわかった。

日本の歴史を学んで、本当に良かったと思う。

■日本の歴史を学んでいろんな事がわかった。歴史を学ぶ前までは先祖の事なんて考えたこともなかったけど、先祖のことを学んだ時とても感動した。勉強をして感動するなんてなんか不思議だった。

歴史のでき事、人物にとてもおどろいた。例えば聖徳太子の「日本の神を幹として、仏を枝としてしげらせて、日本を豊かにしていこう」という言葉には、ついなっとくしてしまった。聖徳太子はとても智恵があると思った。

他には第二次世界大戦のことが心に残っている。多くの人をまきこんだルールのない戦争。東京大空襲や原爆どれもひさんな事ばかりだった。東京裁判で日本だけが悪いと言われて、今の日本人もそうだと思っている。このようなまちがいをなくして、日本はとてもすごかったという事を教えてあげたいと思う。

これからの日本をきずき上げるのはぼくたちだということを教えてもらった。そしてそれが今まで日本のためにつくしてくれたご先祖様たちへの感謝だという事も教えてもらった。まさにその通りだと思う。この歴史の勉強で学んだ事を忘れずに、それを生かしてがんばって行こうと思う。

■私は、今の日本になるまでに色々な出来事があったことを知った。初めの縄文時代の授業で「遺跡」について話し合った。一つの写真からこれは何だったのかを考えた。家・墓・儀式をする場所などの意見が出た。たった一枚の写真から、色々想像するのはすごく楽しいと思った。それに縄文人が赤い物を身につけるというのにもびっくりした。もっと、縄文人は地味だとイメージしていたからだ。しかし、赤い物を身につけることによって、神様からパワーをもらえると信じていたらしい。現在のおまじないに少し似ているような気がする。

一番心に残ったのは「平安時代」だ。授業で、平安の人々が生み出した日本らしい文化についてのプリントを読んだ時、もっともっと知りたいなあと思い、夏休みの自由研究で「平安時代」について調べてみた。書きたいことがたくさんあって、もぞう紙三枚分がすぐに書けた。歴史は奥が深いんだなあと思った。

第二次世界大戦の授業でビデオを見た時、すごく悲しかった。ビデオには戦争で死んでしまった人の映像があり、それはすごくリアルで思わず目をおさえてしまった。この戦争が起こったために、大勢の人が死んだ。いなかのおばあちゃんの家にも戦死した人の写真がある。今までは戦死の意味がよくわからなかったけれど、今はなんだか複雑な気持ちがする。とにかく戦争は二度と起こしてはいけない。他の国と仲良くしていかなければならないと思うから。これからもずっと平和な日本であってほしい。

私は歴史の授業を通して日本のことをたくさん知ることができた。これでやっと本当の日本人になれた気がする。

■私は歴史を学んで思ったことがありました。学ぶ前は歴史に関心がなかったけれど、約一年間学んで、すごく関心を持つようになりました。こんなことがあったんだなーとか、この人はこういう考えなんだとか。
あと、今の日本があるのは、歴史で活やくした人や生きてきた人たちのおかげだと思いました。何であの人はこんな事をしたんだろうって思ったりもしたけど、特に好きだった人は聖徳太子と西郷さんです。あと、他の国だけどパルさんも好きです。戦争のころの若い人たちも、国のために自分をぎせいにできる人たちも、すごい感動しました。

　私はもっと歴史の人たちのことを調べて、歴史のことをもっと知りたいです。そして、その人たちを敬って、これからの日本を私たちが歩んでいきたいです。

■日本の歴史を学んで一番強く思ったのは、日本はすごいということです。約一万年前ぐらいから今まで、いろんな出来事があったけど、それを一つ一つのりこえてきたからです。これまでの日本の歴史から一番強く感じたのは「人々の愛国心」でした。日本は日中戦争や大東亜戦争（太平洋戦争）など、さまざまな戦争を起こしてきたけど、自分の国のために命を捨てる人がたくさんいました。そういうところから愛国心が感じられました。

　私たちのご先祖達も、我が国日本をつくっていくためにがんばってきたんだなと思いました。日本の昔を生きた人々のおかげで今の日本があるのだと思っています。

　今の私たちが生きている時代は、技術や物などの豊かさがとても発達しているので、それはとてもいいことだと思います。でも、日本は目標を失いつつあるから、またそのピンチをのりこえ、目標を決め、それに向かって努力してほしいです。そのために、一人一人が勇気と希望を持って「これからの日本」を築いていけるといいと思います。

■日本の歴史を学んでいろんなことを学びました。教科書や先生からもらったプリントを読んで、縄文時代から現在まで、さまざまなことがありました。

　でも、一番心に残っているのは第二次世界大戦です。大勢の人が戦争に参加し、多くの人が戦死したり、あるいは、原子爆弾で罪もない一般市民が一気に死んでいます。これらは戦争のルールに反しています。

　絶対に二度と起こしてはいけないと思います。

　これから戦争という悲劇を起こさないように、努力していきたいです。

■私は、日本の歴史を学んで、いろいろなことがあったんだなと思った。中国と「親分子分」の関係になったり、国が一つになったりした。

　四月に習った縄文時代は、動物をかったりしていた時代だったんだなと思った。まだ一つの国にまとまってはいなかったけど、楽しい毎日を過ごしていたんだと思う。弥生時代の終わりごろから、たくさんあった小さい国がまとまり始めた。

　平安時代になると、貴族は豊かな生活を送っていた。貴族は楽をしていたように感じるけど、短歌が発展して日本らしい文化ができた。これは貴族のおかげだと思う。

　長い江戸時代が始まった。鎖国のルールがつくられて、二百六十年もの平和がおとずれた。歌舞伎や俳句などでき、どんどん豊かになっていった。だけど、外国がオランダだけとつきあっている日本に怒って攻めこもうとした。阿部正弘たちはすごくなやんだと思う。日本の運命がかかっているからだ。

　明治時代は、天皇中心で身分のない時代だ。西洋列強に追いつき対等につきあえる国にするという目標を作った。日本は目標があるとがんばれた。日本は日露戦争に勝った。アジアで初めて、西洋と対等につきあえる国になった。だけど、日本の安全のために、同じアジア人を支配するしかなかった。日本はなやんだと思う。同じ人種の朝鮮を支配するなんてできないと思う。だけど、やらなかったら日本が危険だったから、しかたないと思う。

戦争時代がやってきた。世界をまきこんだ戦争が始まった。相手は原子爆弾を使って、戦争のルールをやぶったりした。日本もルールをやぶってしまったけど、アメリカは認めようとしないからすごく腹が立った。国のために命をかけてくれた人たちがいた。その人たちのおかげで日本がある。

こうみると日本にはたくさんの歴史があることがわかった。発展やピンチもあったけど、それをのりきって日本ができた。私たちは、その歴史をもっと大切にしていかなきゃいけないと思う。

■日本の歴史を学んでよかった。

私は戦ったり人が死んだりするのはきらいだけど、どうしても戦わなくちゃいけないところがたくさんあった。私は、人を殺す戦いは何も残らない、悲しみが残るだけだと思っていた。歴史を学んでその気持ちが強くなったと思う。

私の心に残っている時代は、江戸〜明治時代。この時代の日本は、そこまでの時代の中で最も豊かだったと思う。そして最も近代化した時代だったと思う。

心に残った人物は、維新三傑の大久保と西郷。この二人がとても仲がよかったのにはおどろいた。でも、もっとおどろいたのは二人の立場が敵同士になってしまったことだ。大久保は悲しかったと思う。でも、もっと悲しかったのは西郷の方と思う。もし、西郷が反乱軍をおさえることができたら、誰も死なずにすんだかもしれない。

私が歴史で学んだことは、もう誰かが死んで誰かを悲しませないこと。もう戦争をしないこと。今よりも平和で豊かな国をつくることだ。私はもう、人が死んで人が悲しむのを見たくない。

■私の中でいんしょうに残ったのは聖徳太子の時代です。中国との親分子分の関係をやめたからです。聖徳太子はこんなすごい事がどうしてできたのかなと思いました。私だったらこんな勇気なんてないから絶対にできないと思ったからです。

　そしてどんどんと独立していって、日本の色々な文化や行事をつくっていきました。日本人はどの国よりも頭がいいと思いました。

　戦争にもいっぱい勝ったり、負けたりもしました。負けたことで一番いんしょうに残ったのは、大東亜戦争に負けた事です。日本はアメリカに支配されながらもがんばったことがすごいと思うし、独立してからさらにパワーアップした事がすごいと思う。私はこの戦争で負けたことはよかったと思います。

　最近日本は不景気になっています。なので、私はこの日本を大人になったら景気よくさせたいです。

■四月から歴史を学んできて、日本にはすごい大きな歴史があるんだと思った。

　先生は教科書とちがうことを言い、歴史にはいろいろな方向からの見方があることを初めて知った。

　いろいろな時代の中で一番いいと思ったのは明治です。理由は、大久保・木戸・西郷のような英雄たちがかつやくするからです。あと、日露戦争でまさか日本がロシアに勝てるとはビックリしました。

　いろいろふりかえると、いろいろなことがあったなあと思います。縄文時代から平成時代までの勉強で、いろいろな人物の名がわかり、ますます歴史が好きになりました。

　最初に勉強したご先祖様のことで、計算の数はすごい数で「なんで～?」と思いました。太平洋戦争後の日本は、すごい豊かになり「すごい」と思った。

　最後に、日本は歴史がある国だなー。

■私は、日本の歴史を学んで初めて愛国心という言葉を知った。

　日本の歴史の中には、この心がたくさん出てくる。それは、日本の国民の多くが日本という国に誇りと自信を持っているからだと思う。

日本人は、今までたくさんのピンチに直面してきた。そのたびに国のリーダーたちは、日本国の安全と同時に国としての安全を守るため、様々な「敵」と戦ってきた。その敵は、ある時は他の国であり、ある時は日本だった。

古墳時代から日本は一つの国にまとまり始め、天皇（この時代は大王）を中心とする国になっていった。

私はこの頃から、日本の国民には愛国心が芽生えたんだと思う。そして外国とのつきあいや戦争などをくり返すにつれて、その愛国心はより深いものになっていったと思う。でも、私は最近その愛国心がだんだんなくなってきていると思う。それは、人々が自分だけの幸せを求めているからだ。

私は日本の歴史を学んで、改めてご先祖の努力に感動した。そして、私達も愛国心を持ってこれからの時代を生き、ご先祖のつくってきた日本という国をさらに発展させていく必要があると思った。さらに、ご先祖が夢見た平和で豊かな国に住んでいる私たちは、次は世界平和への道へと進んでいく必要もあると思った。

■いままでの日本の歴史を勉強してきて、日本人のすごさや日本（国）のすごさがよくわかりました。五年生の時までは中途はんぱにしかわかんなかったけど、六年生からは知らなかったことや不思議に思ったことが少しずつわかって、社会がとても好きになりました。昔の大変な時代の勉強をしていて、今の平和な時代に生まれてラッキーだなと思います。いろんな時代を勉強して、時代の流れが変わっているなと思いました。日本の法律や憲法などが時代によってちがっていたり、日本の生活や文化も変化して、日本がとてもいい国になってきたことがとってもうれしかった。

昭和の戦争の中でもなんとかのりこえて今のすばらしい豊かで平和な日本になれたのも、昔のえらい人たちのおかげだと思います。これからは、日本のことについていろいろ勉強して、日本をもっといい国にしたいと思います。

■ぼくは、旧石器時代から平成時代までやって、日本の歴史はすごく長かったし、とてもすごい人がいっぱいいてビックリしました。

日本は色々な国に色々な文化を学び、それを生かして大仏などを作れるなんてすごいと思いました。ぼくは、明治維新から第二次世界大戦までが一番印象に残りました。特に明治維新は、西郷や大久保など有名な人がいっぱいいたからです。江戸幕府を倒して明治の国づくりに大きく貢献したのは、とてもすごいと思いました。ぼくは日清・日露戦争で朝鮮を支配したが、不平等条約が改正されたのはよかったと思いました。

第二次世界大戦では、原爆や東京大空襲など色々な被害を受けました。ぼくはくやしい気持ちがしました。その戦争での被害などの裁判をした東京裁判で、日本が一方的に悪いと言われたのはちょっとイヤな感じがしました。でも、パルさんはちがって、日本が一方的に悪いわけではないという証拠をいっぱい書いてくれた。なのに、それが取り上げられなかったり、本当のことかどうか分からない検察側の意見はいっぱい取り上げた。そこの所からもイヤな感じがしました。

ぼくは歴史を学んで日本の昔の文化や色々な人が活やくしたことを知って、とてもおもしろく思いました。でも、昔の人は今みたいに豊かではなかった。その中でもがんばってこれたのはとてもすごいと思いました。先祖などの事を知れてとても勉強になったと思います。

最後にもうこれで歴史の勉強は終わりだけど、昔がんばった人の事を忘れずに、ぼくたちは生きていかなければならないと思いました。

■歴史を七ヶ月も学んだけど、縄文時代から現在までは、七ヶ月じゃあかなり短いと思いました。

とくに聖徳太子は、はじめに何か行動を起こした人だからすごいと思いました。

■一学期、二学期、歴史を学んでわかったことは、日本は初めから豊かじゃなかったとわかりました。日本人は、どの国よりみんないっしょうけんめい仕事をして、世界のトップに立って、すごい国だと思いました。これからもどんどん発展していくといいと思いました。

■日本の歴史を学んでまず思うことは、縄文時代から平成時代までの間に、いろんな出来事があり、すごい変わったなと思う。授業もいろんなかたちでやってきて楽しかった。歴史をやって心が変わったような気がする。

今気になっていることがあって、それは自分の先祖のことを深く知りたい。

歴史ははじめ興味がなかったけど、やっていくうちに興味をもちはじめた。一番興味をもった所は、ペリーの時だ。考えるところが多かったし、好きな人物が活やくしたからだ。好きな人物は西郷隆盛だ。最後、大久保と戦って死んでしまったけど、やさしい人物なので好きだ。

最後、自分も先祖になるようにがんばっていきたい！

■最初は、日本の過去なんてどうでもいい、今生きていればそれでいいと思っていました。だけど、今からすごく昔の縄文時代に自分の祖先がマンモスにつぶされていたら、今の自分はないだろう。そのあとの自分の祖先は戦国時代などもいきぬいた。

今の自分は奇跡だ。といったら、みんなが奇跡だ。

自分の祖先に会ったことは、おじいちゃんとお母さんとお父さんしかいないけど。自分を生んでくれてありがとう。

■私は、歴史を勉強してみて、たくさんのご先祖たちが、日本のためにすごく努力し、ピンチをのりこえてきたことがわかりました。

縄文時代から現在までをふり返ってみると、まだ一つにまとまっていなかった日本が、今ではもうアメリカと同じぐらい豊かになり、大きく変わっていることがわかった。

日本はとてもすごい国だと思う。たくさんのピンチはあったが、時代ごとに英雄が現れそのピンチをのりこえ、日本の独立と平和を守ったからです。

大正から昭和時代は政治を失敗し、第二次世界大戦が始まってしまった。東京大空襲や原子爆弾で多くの人がぎせいになった。でもこの戦争はむだではなかったと思う。この戦争の後、アジアなどの植民地が独立したからです。焼け野原から四十年、残った国民が努力したからこそ、今の平和で豊かな日本があることがわかりました。日本のためにぎせいになった人、日本のために努力してくれたご先祖たちに感謝したいです。

■今までの日本の歴史をふり返ってみると、いろんなことを先生に習ったなあと思った。最初に習ったのは、あんまり覚えていないけど、卑弥呼からの歴史は覚えています。いろんな人が出てきて日本のためにがんばってくれたけど、何をやってくれたのかは忘れてしまいました。人の名前は覚えています。聖徳太子や中大兄皇子などが最初らへんに出てきたのは覚えています。ついこの前にすごい戦争のことなどを習ったけど、ばくだんのいりょくがすごくって、日本もやっぱり昔の日本とはちがうんだ！　と思った。いまはけっこう平和だけど、これからの日本はどうなるのか。そして、日本の歴史でこのあと何を習うのか。楽しみです。

■僕は、今年の四月から歴史を学んできて、過去の日本がわかった。縄文時代から弥生、平安……明治と、いろいろな時代といろいろな人を勉強してきた。

特に僕が印象に残ったのは、大正から昭和までの第二次世界大戦の事だった。原爆・東京大空襲などのいろいろなひがいを受けた日本。アメリカは残こくだと思った。

ぼくは、東京裁判を習ったとき、これはおかしいと思った。あっちは日本だけが悪いと主張している。裁判官も不平等な判決をくだしたのはおかしいと思った。

僕はこの歴史を勉強して、ご先祖の暮らし方や出来事などがわかった。このことを生かして、今後もいろいろなことを調べてみたい。

■日本はいろいろなことを外国に学んだ。そして、ピンチになるとすごい人が出てきたりした。日本が占領されたのはたった七年間だけというのはすごいと思います。

■縄文時代からやってきた歴史も、もう現代にきた。その時代の先祖のやってきたこと、考えたこと、身なりまでもがとてもよくわかった。それぞれの時代の人々が今の私たちに直接かかわっている。それを知った時、私はとてもどきどきした。自分の先祖はどんな人だろう。何をしていたんだろう。とても興味深かった。日本は何回も危機に出会った。それでも、それぞれの時代の英雄たちが解決してくれた。
私が歴史を勉強して一番楽しかった時代は、聖徳太子の時代だった。そが氏対物部氏の討論もおもしろかったけど、私は歴史を勉強して聖徳太子を一番尊敬したからだ。

日本の危機を先祖達が解決してくれたけど、これから危機が起きたとき、先祖達はもういない。だから、今の私たちががんばらなければいけないと思う。

■私は、四月から今まで歴史を学んで色々なことを知りました。

その中で一番心に残ったのは、太平洋戦争のことです。それは小学校で軍事練習をしたり、毎日のご飯がみそしるとふき・あじ・ごはんだけだったりしたからです。本当に戦争をしていたときはつらかったんだなと思いました。それに戦争をするために戦いに行った人は、自分が死ぬとわかっているのに、自ら戦いに行って本当に勇気があると思いました。こんな勇気がある人がいたから、今の日本があるのかなと思いました。太平洋戦争のことや色々な日本の歴史を学んで、とても尊敬しました。

今まで色々な人が日本を発展させていい国を作ってきてくれたから、今度は私たちがいろんな事を学んでもっといい国にしたいと思います。

■ぼくが歴史を学んで一番最初に不思議に思ったのは、縄文時代の外国にあった物が日本にあったということだった。

今まで学んできた歴史には、すごい人がたくさんいた。聖徳太子や織田信長や豊臣秀吉や大久保利通とか、この日本にはすごい人がたくさんいた。黒人を売ったりした国の人など、すごくひどい人も出てきた。

でも一番歴史で心に残ったのは、人とかではなくて、なぜ国はほかの国を支配しなくてはいられないのかなと思った。たしかに植民地を持っていると自分の国に利益があるのはわかっている。けどちゃんと話し合いをして、ちゃんとみんなが安全にくらせる世界になってほしい。いや、これからの時代をつくっていくぼくたちが、そういう世界にしていかなくてはいけないのだ。だって日本人は目標を持った方が強いんだから。

この日本という国の歴史を学んでとてもよかったと思う。こんなすばらしい歴史を教えてもらえるのも、ぼくたちのご先祖のおかげなんだな。

■一年間歴史をやって楽しかった。

聖徳太子は「国のかたち」をはっきりと決めた

からすごい。中国との「親分、子分」の関係をやめ、天皇中心の対等の国になった。

心に残ったことは、太平洋戦争のことだ。神風特攻隊は、この日本を命をかけて守ってくれたからだ。もしあの若者たちがいなければ、今の日本はどうなっていただろう。

そう思うと、今がとても幸せだなあと思う。今の生活が豊かになったのも、この人たちのおかげだと思う。それに、日本の人たちも、独立させるためにがんばった。

やっぱり歴史はすごい！

■ぼくは、日本の歴史を学んで日本はすごいなと思った。日本は、アメリカに七年間支配された以外は、どこの国にも支配されていないなんてすごい。
日本の歴史には、すごい人もたくさん出てきたな。西郷さんや秀吉などたくさんすごい人がいた。この人たちがもしいなかったら、今日本はどうなっていたのかなと思う。きっとこの人たちがいなかったら、今はどこかの国に支配されていたと思う。

戦争で焼け野原になってから、アメリカと同じくらい豊かになったのもすごいな。日本はほんとうにすごい国だ。

■ぼくは歴史を学んでいろいろ知りました。昔の日本はえらい人がいっぱいいたんだなと思いました。ぼくは何を書くとはいいません。いろいろ学んできて、いっぱいの人がいて書ききれませんが、その中の一つをえらびました。
「ペリー来航」。

これが心の中のベストテンに入ります。いろいろの人が出ているから入る（一位は最初にやった「ご先祖さま」の勉強です）。二千年前、日本はまだできていなかったのかなと思いました。人物では、坂本君が最高。

■もう歴史を学んで八ヶ月がたった。この八ヶ月間で、ぼくはいろいろな歴史を学んだ。ぼくは歴史なんて全然興味がなかった。ぼくはいやいやで歴史の授業をやった。

最初は、縄文時代のことをやった。だけど縄文時代の授業はすごく楽しかった。ぼくはちょっと歴史の授業に興味を持った。

やっとぼくが知ってる人の名前が出てきた。聖徳太子だ。聖徳太子は、十七条の憲法や冠位十二階を行ったり、遣隋使を送ったりしました。その後も、織田信長、豊臣秀吉、徳川家康などが日本のリーダーになったりしました。

ぼくはこの歴史の勉強をしてよかった。もっと勉強していきたいです。

■私は今まで勉強し、八ヶ月がたちました。そして私は学んで思ったことがあります。

縄文時代から今まで、日露戦争や太平洋戦争などがあって、国はぼろぼろになって、日本が焼け野原になってしまったけど、なんとか生き残った国民は、なんとかして再び豊かな国に追いつこうとがんばった所、約四十年でやっとアメリカの豊かさに追いついてよかったなと思いました。

こうして今があります。

私はこれからも勉強をがんばりたいと思います。

■私は、縄文時代の時から今まで、ずっと歴史はつながっていたんだと思った。そして、今も歴史は進み続けているんだと思った。

弥生時代に初めて卑弥呼というリーダーが現れてから、日本は天皇をリーダーにして発展していったのだと思った。日本が一つにまとまったころ、日本は他の国との交流が始まった気がする。

そして、六世紀から七世紀ごろに、聖徳太子がかつやくした。私は、聖徳太子が国のかたちをはっきりと決めたから、今まで日本が一度しか支配されずに、ここまでやってこれたのだと思う。このころから日本は中国に追いつこうとしていたことにはおどろいた。それは、明治時代に日本が西洋の国に追いつこうとしていたことにつながっていたと思う。これもやっぱり歴史のつながりなんだと思った。

そして、七世紀についに戦いが起きた。これで初めて、日本として戦ったことがわかった。でも、戦うことばかりではなく、奈良の大仏ができたり、文化も発展していったからすごいと思った。そして、日本の文化も発展していって、かな文字ができて、短歌が発展し、日本の行事が生まれた。私は、かな文字ができたことが特にすごいと思った。そのかな文字がなければ、今日本人みんながこまっていたかもしれない。こんな前にできたかな文字が今でも使われているなんて、本当にすごいと思った。

それから日本は戦国時代になった。私は、日本の中で戦いをしてはぜったいにいけないと思った。またいくつもの国に分かれてしまったら、日本がここまで発展してきた意味がないと思った。でも、そんな中、戦いをおさめられる人物も現れ、日本はまた一つにまとまれた。よかったと思った。

一八五三年、ペリーがとつぜん日本に乗りこんできた。私は、このころから西洋の国々とかかわってきたことが太平洋戦争になった一つの原因だと思った。でも、江戸幕府が終わったことはよかったと思う。このまま幕府を続けていたら、日本はただ西洋の言いなりになっているだけだったかもしれないからだ。

でも、明治時代になってから、日本は変わったと思う。人々は平等や自由をもとめるようになって、今の人々とすごく似ていると思った。しかし、新しい社会が始まったとたんに戦争が起こった。日露戦争には勝ったけど、その後の戦争は日本が負け続ける戦争になっていった。太平洋戦争だ。でも、日本は負けても戦い続けた。私は、ここまでして日本を守った人々はすごいと思う。きっと今の人にはできないと思う。「日本のためなら死んでもいい」そうみんなが思っていたんだと思った。でも、アメリカはそれ以上に強く、原子ばくだんを落としてきた。たくさんの人々が亡くなり、たくさん人が悲しんだ。

私は戦争だけはしたくないと思っている。でも、この時の人々がもう戦争はしないという気持ちを日本国民に伝えてくれたから、私も戦争をしないという気持ちを持てたのだと思う。

歴史を勉強して、一番大切なことは自分の考えを持つことだと思った。それぞれの時代にすごく意味があって、全て今につながっている。それを忘れてはいけないと思った。

歴史は今も進み続けている。このままずっと日本の歴史が進み続けてほしい。

■縄文時代はとてもおもしろかった。やばんな生活だけど、僕たちの先祖なんだなと思った。海に暮らしている人と、山や岡に住んでいる人で分かれていたんだっけな。石で作ったやり、縄文土器など、昔の人の工夫もすごく感心した。このあと弥生時代になって米が入り、もっと豊かになるのかなと思った。
弥生時代には戦争がけっこうあったなあ。国が分裂して、バラバラだった。その中に一人立ち上がったのが女王卑弥呼だった。なんかとてもすごかった。卑弥呼はめったに人の前に出ないし……ちょっとこわい。この時代は中国と親分・子分関係だったから、いったいどうなるのかなと思った。この時代を勉強していたとき、早く親分・子分の関係を直して、平等にしたいなあと思った。その後改正されてよかった。

古墳時代は迫力があった。古墳の大きさにびっくりした。しかも十五年八ヶ月もの年月をついやし、六百八十万人が働いたことになったので、とても大変だと思いました。たしか、名前は前方後円墳というとても変わった名前だった。このころの大王や豪族は手厚くほうむられてよかったと思う。はにわも最初出てきたときは、けっこうびっくりした。大和朝廷が日本を統一したのがよかった。

飛鳥時代になって、一しゅんにして何もかもが進歩したので、どうしたのだろうと思った。聖徳太子が一番目立っていた。冠位十二階を定め、能力のある人をどんどん取っていったり、十七条の憲法を定めたりして、ものすごい働きだった。とにかく聖徳太子はすごかった。遣隋使のたった一枚の手紙で、中国と対等になれたのはすごかった。奈良時代といえばやっぱり大仏だ。すごい大きなものだった。東大寺はその大仏が入っていたのだから、東大寺もでっかいんだと思った。日本はこの時、完全に仏教の世界になったんだと思った。行基もすごいと思った。行基がいなければ大仏はできなかったかもしれなかった。

平安時代は藤原氏が権力を持っていた。藤原氏はあまりいい人には思えなかった。有力な貴族を追放して力を伸ばしていくのはきたないと思う。それとちがって、明るい一面もあった。けまりや船遊び、ひらがなや、かたかなができ、かな文字で書かれた文学作品も生まれた。この部分でも進歩したと思う。

鎌倉時代は、御恩と奉公をとくに印象深く覚えている。それから一所懸命という言葉もできた。これは初めて知った。かさがけや、やぶさめで、武芸を競い合うのもいいと思った。東大寺南大門の金剛力士像は迫力があった。それと、この時代に一番心に残ったのは、やっぱり元との戦いである。戦って、幕府は後にほろびてしまったが、日本は元にせん領されなくてよかった。

室町時代は足利義満が権力を持ったなと思った。とくに金閣はすごかった。びっくりしたことは、金閣を建てる費用がすごかった。今のお金で六百億円だという。けど、たしか義政の時代になって権力がおとろえた。室町といえば、やっぱり応仁の乱だ。この争いが十一年も続いたのはびっくりした。このとき各地に戦国大名が立ち上がった。知らない人も多かったが、知っている人もいた。この時は、この先どうなるのだろうと思った。

安土桃山時代は、けっこう好きだ。各地の英雄が争い合う。長篠の戦いで一人飛び出てきた信長。はっきりいって、一回、織田信長には天下を取ってもらいたかった。鉄砲を取り入れたので、あの大名たちの中からぬけだせたのだと思う。豊臣秀吉が信長のあとをついだのでよかった。検地や刀狩りをして豊かにしていった。

江戸時代はとくに発展したと思う。参勤交代や武家諸法度ができた。キリスト教もすごかった。天草四郎の一揆は十二万人の人数でやっとたおせたのだから。発展したといえば、寺子屋や歌舞伎ができて、とても町がにぎやかになった。江戸時代の終わりにペリーが来た。幕府は開国してしまった。そのだらしなさに、倒幕しようという人が出てきた。

明治時代はいろいろな英雄が目立った。天皇中心の国にもどるとはおもわなかった。富国強兵をしたり、文明開化をしたり、西洋に追いつくのに必死だったと思う。自由民権運動もよかった。国民の意見を聞くのはとてもいいと思った。あと、日本はよく戦争をした。とにかく、ロシアに勝ったことによって、西洋からいい立場で見られてよかった。だけど、なんとなく、こんどは西洋と親分・子分の関係になっている気がした。

大正・昭和・平成。どこから昭和や平成になったのか、いまいちおぼえていない。はじめのころは女性の地位向上で運動したんだ。そういえば、女性で目立った人はあまりいないなと思った。やっぱり第二次世界大戦はすごいと思う。満州事変、日中戦争、太平洋戦争。負けてしまったけど、またもとにもどってよかった。さらにすごい進歩をしたのでよかった。

## 【あとがき】

小学校の先生ならどなたでもそうだと思うが、私も子供たちに授業をするのが好きである。仕事が好きだなんて、なんともぜいたくな境遇だなと思う。

今年も、さいたま市立島小学校で三度目の六年生を担任することになった。まほろばの三代目である。朗らかで心優しい三十七人と楽しい日々を過ごしながら、本書を書いた。この子たちに教える歴史授業も、今年で三回目の実践になる。足りないところのある授業や、まだ首尾よく仕上がっていない授業をつくり直していると、いつの間にか前の授業とは全く変わってしまうことがある。だから日々新しい。

すべてとはいかないが、これまでも授業のプランや資料などを同僚の先生方にも見てもらいながら進めてきた。それをご自分の授業に生かしてくださる方もある。それがとてもうれしい。本書によって、私の授業づくりを参考にしてくださる先生方が現れてくれるならこれにまさる喜びはない。

■

さて、最後に本書成立の経緯について少し記しておきたい。

私たちが歴史教育の改革をめざして研究活動を始めたのは、平成五年（一九九三年）の一月だった。東京大学の藤岡信勝先生の下で、日本の近現代史教育の現状を検討する研究会が始まったのである。私たちはそれを「近現代史の『書き直し』プロジェクト」と呼んでいた。ほんの数名の研究会だったが、近い将来私たちが書き直した歴史を各自の教室で教えられる日が来ることを夢見ていた。

藤岡先生は、その後ご自身で「近現代史の授業をどう改造するか」という問題提起の論文を執筆され（単行本は、『近現代史教育の改革――善玉・悪玉史観を超えて』明治図書、のちに『自由主義史観とは何か――教科書が教えない歴史の見方』PHP文庫）、教育界に激しい反響を巻き起こした。この藤岡論文に共鳴した教師たちが結集したのが自由主義史観研究会である。私たちもまたこの会に集まり、授業づくりセミナーなどの勉強会を継続していった。それ以来、左右の全体主義に抗して自由主義を守り抜くことが、私たち一人一人のゆるぎない立脚点となって今日に至っている。その研究会の成果の第一が、産経新聞紙上に連載した「教科書が教えない歴史」である。始まりは平成八年の正月だった。

私たちはそこに、日本の近現代史を物語るいくつもの短いお話を書いていった。それは、一九八〇年代以後流行していた日本と日本人への悪口話とは違って、先人の活躍を共感的に物語ることをめざしていた。私たちは、そういうお話を書くことを通して、本当は学校で学ばれるべき日本人の物語を探求していったのである。八月に単行本にまとめられた『教科書が教えない歴史』（産経新聞社）はたちまちベストセラーになった。私たちは、数年間続けてきた教育研究が、多くの読者に迎えられたことを喜んだ。

小さな志を立ててから十年、「教科書が教えない歴史」から七年が過ぎた。

私たちはこれまで、過去の日本と日本人が悪であったと教えるためなら、史実を曲げてもいいし、ウソを教えてもいいという歴史教育は、日本の公立学校がやるべきことではないと批判してきた。そして、彼らが育ててきた「こんな日本なら、日本人に生まれなければよかった」と書く子供たちこそ、教育の悲劇であると主張してきた。

しかし、私はこれまで私自身の授業を示せなかった。それは研究のマナーとしても人の生き方としても正しくないと考えてきた。代案が示せない批判は、批判としても無効であると常日頃子供たちにも教えてきたからである。そういう思いもあって、私ならこうするという授業の事実を示したかったのである。まだまだ不十分な、発展途上の研究成果だが、こうすれば、こんな学習が成立します、この子らを見てください、という一つの教育の事実を本書に示したのである。その歴史授業の結果、七十五人の健気な子供たちが「日本人に生まれたことを誇りに思います」と、胸を張って中学校に巣立って行った。

私たちは日本人のための歴史教育を再建したいのである。日本の来歴の真実を教えて、日本人が自らのアイデンティティーに自信を持てる歴史教育をしたいのである。それが世界の常識であり、国民の常識ではないだろうか。

■

　私は、三十代の半ばで初めて教師になった。その後十数年、藤岡信勝先生に導かれながら、教師の仕事を考え、授業を研究し、子供たちを立派に育てようと努力してきた。私が今日まで教師を続けられたのは、また、歴史の授業研究を十年も続けられたのは藤岡先生と出会えたからである。

　また、本書の歴史授業は、自由主義史観研究会や大宮教育サークルの仲間の叱咤激励のおかげでもある。共に行く仲間がなければ、私はとうていここまで歩むことはできなかった。

　さらに研究会の仲間以外にも、たくさんのご指導や励ましを得た。とくに、大宮市立春野小学校（当時）と、さいたま市立島小学校の上司や同僚の理解と応援がなければ、この授業研究を進めることは不可能であった。

　それぞれのお名前を記すのは控えさせていただくが、私を支えてくださったすべての方々に、この場を借りて厚く御礼申し上げたい。

　最後に、本書の企画から編集、出版に至るまで、扶桑社の真部栄一氏と吉田淳氏にお世話をいただいた。お二人の時宜を得た適切な助言のおかげで本書はゴールまでたどり着くことができた。改めて感謝申し上げたい。

平成十五年六月二十一日

齋藤　武夫

［著者紹介］

**齋藤武夫**（さいとうたけお）

昭和 24 年埼玉県に生まれ昭和 59 年大宮市の小学校教員に採用される。月刊誌「授業づくりネットワーク」創刊に参画。平成 7 年に自由主義史観研究会の創立に参画。以後２５年間小中学校の教員として「日本が好きになる！歴史授業」を実践研究してきた。

現在は「授業づくり JAPAN さいたま」代表として、各地で「日本が好きになる！歴史授業講座」を開催している ( コロナ禍ではオンライン中心)。

著書に『授業づくり JAPAN の日本が好きになる！歴史全授業』（私家版）『学校で学びたい歴史』（産経新聞社）「前 70 時間のパワーポイントスライド集」（私家版 CD）がある。

共著に『学校が教えない歴史』（産経新聞社）他がある。

ユーチューブの CGS チャンネルで「日本が好きになる日本の歴史」を放映、DVD セットが販売されている（CGS/ イシキカイカクダイガク）。

ブログ「日本が好きになる！歴史全授業（小６・中学)」、フェイスブックやツイッターでも発信している。

**学校で学びたい歴史　新装版**

令和 3 年 6 月 25 日　初版発行

著　者　　齋藤武夫
発行人　　蟹江幹彦
発行所　　株式会社青林堂
〒 150-0002　東京都渋谷区渋谷 3-7-6
電話　03-5468-7769

装　幀　（有）アニー
印刷所　中央精版印刷株式会社

Printed in Japan

ISBN 978-4-7926-0705-0